Todos los libros de Linkgua Ediciones cuentan con modelos de Inteligencia Artificial entrenados por hispanistas. Pregúntale al chat de tu libro lo que desees acerca de la obra o su autor/a.

Para ebooks: Accede a nuestro modelo de IA a través de este enlace.

Para libros impresos: Escanea el código QR de la portada con tu dispositivo móvil.

Obtén análisis detallados de nuestros libros, resúmenes, respuestas a tus preguntas y accede a nuestras ediciones críticas generativas para una experiencia de lectura más enriquecedora.
La transparencia y el respeto hacia la autoría de las fuentes utilizadas son distintivos básicos de nuestro proyecto. Por ello, las respuestas ofrecen, mediante un sistema de citas, las fuentes con las que han sido elaboradas.

Alonso de Contreras

Vida del capitán Alonso de Contreras,

caballero del hábito de San Juan, natural de Madrid, escrita

por él mismo (años 1582 a 1633)

Barcelona 2024
Linkgua-ediciones.com

Créditos

Título original: Vida del capitán Alonso de Contreras.

© 2024, Red ediciones S.L.

e-mail: info@linkgua.com

Diseño de la colección: Michel Mallard.

ISBN rústica ilustrada: 978-84-9007-571-5.
ISBN tapa dura: 978-84-1126-166-1.
ISBN ebook: 978-84-9953-488-6.

Sumario

Brevísima presentación

La vida

Alonso de Contreras (Madrid, 6 de enero de 1582-1641). España.

Militar, corsario y escritor español, escribió su Vida... quizá a instancias de su amigo Félix Lope de Vega. De origen humilde, Alonso de Guillén Contreras tomó el apellido de su madre al entrar en el ejército. Muy joven acuchilló de muerte a un compañero de estudios y cumplió un año de destierro en Ávila. Después sirvió como criado en casa de un platero, pero su carácter rebelde lo llevó, a los catorce años, a alistarse en el Ejército de Flandes, hacia donde partió el 7 de septiembre de 1597.

Pronto abandonó su unidad para dirigirse a Palermo y embarcarse en las galeras de Pedro de Toledo, que luchaban contra los turcos y los piratas berberiscos. En 1601 recibió el mando de una fragata y se le encomendó vigilar las islas griegas y espiar las actividades de los turcos, cuya lengua llegó a dominar. Alternó estas actividades con el ejercicio del corso. Durante una estancia en España, en la que intentó sin éxito hacer carrera en la Corte, se retiró al Moncayo como ermitaño, y allí fue juzgado por estar en connivencia con los moriscos (se le acusaba de ser el jefe o rey secreto de una conspiración). Aunque salió absuelto, fue perseguido hasta que partió de nuevo para Flandes, en donde sirvió como oficial. Más tarde consiguió licencia para volver al Mediterráneo, con una recomendación para el Maestre de la Orden de Malta. En 1611 recibió otra vez el mando de un navío e ingresó en la Orden como novicio.

Se casó en Italia y, engañado por su mujer, la asesinó junto a su amante. Alcanzó el grado de capitán de infantería, participó en una expedición a las Indias Occidentales y fue corsario en el Caribe contra sir Walter Raleigh, al que llamó Guatarral. En 1616 regresó a España para volver a la persecución de piratas berberiscos, lo que le valió que los turcos pusieran precio a su cabeza. Durante un tiempo fue gobernador de la ciudad de Águila, al norte de Italia. También asistió a una erupción del Vesubio y salvó a un convento de monjas del desastre.

En 1630 se retiró y escribió sus memorias, publicadas en 1900.

Vida del capitán Alonso de Contreras

Discurso de mi vida desde que salí a servir al rey, de edad de catorce años, que fue el año de 1595, hasta fin del año de 1630, por primero de octubre, que comencé esta relación

Capítulo primero. De mi infancia y padres

Nací en la muy noble villa de Madrid a 6 de enero de 1582. Fui bautizado en la parroquia de San Miguel; fueron mis padrinos Alonso de Roa y María de Roa, hermano y hermana de mi madre. Mis padres se llamaron Gabriel Guillén y Juana de Roa y Contreras; quise tomar el apellido de mi madre andando sirviendo al rey como muchacho, y cuando caí en el error que había hecho no lo pude remediar, porque en los papeles de mis servicios iba el Contreras, con que he pasado hasta hoy, y por tal nombre soy conocido, no obstante que en el bautismo me llamaron Alonso de Guillén, y yo me llamo Alonso de Contreras. Fueron mis padres cristianos viejos, sin raza de moros ni judíos, ni penitenciados por el Santo Oficio; como se verá en el discurso adelante desta relación, fueron pobres y vivieron casados como lo manda la Santa Madre Iglesia veinticuatro años, en los cuales tuvieron dieciséis hijos, y cuando murió mi padre quedaron ocho; seis hombres y dos hembras, y yo era el mayor de todos. En el tiempo que murió mi padre yo andaba a la escuela y escribía de ocho renglones; y en este tiempo se hizo en Madrid una tela para justar a un lado de la puente segoviana, donde se ponían tiendas de campaña, y como cosa nueva iba todo el lugar a verlo; juntéme con otro muchacho, hijo de un alguacil de Corte, que se llamaba Salvador Moreno, y fuimos a ver la justa faltando de la escuela, y a otro día cuando fui a ella, me dijo el maeso que subiese arriba a desatacará otro muchacho, que me tenía por valiente; subí con mucho gusto y el maeso tras mí, y echando una trampa me mandó desatacar a mí y con un azote de pergamino me dio hasta que me sacó sangre, y esto a instancia del padre del muchacho, que era más rico que el mío; con lo cual, en saliendo de la escuela como era costumbre, nos fuimos a la plaza de la Concibición Jerónima, y como tenía el dolor de los azotes, saqué el enchillo de las escribanías y eché al muchacho en suelo boca abajo y comencé a dar con el cuchillejo, y como me pareció no le hacía mal, le volví boca arriba y le di por las tripas; y diciendo todos los muchachos que le había muerto, me fui, y a la noche me fui a mi casa como si no hubiera hecho nada; este día había falta de pan y mi madre nos había dado a cada uno un pastel de a cuatro, y estándole comiendo llamaron a la puerta muy recio, y preguntando quién era, respondieron: la justicia; a lo cual me subí a lo alto de la casa y metí debajo de la cama de mi madre; entró el alguacil y buscóme y hallóme, y sacándome de una muñeca decía: ¡traidor, que me has muerto mi hijo!; lleváronme a la cárcel de Corte, donde me tomaron la confesión; yo negué siempre; y a otro día me visitaron con otros veintidós muchachos que habían prendido, y haciendo el relator relación que yo le había dado con el cuchillo de las escribanías dije que no, sino que le había dado otro muchacho; con lo cual entre todos los muchachos nos asimos en la sala de los alcaldes a mogicones, defendiendo cada uno que el otro le había dado; que no fue menester poco para apaciguarnos y echarnos de la sala; en suma, se dio tan buena maña el padre, que en dos días probó ser yo el delincuente, y viéndome de poca edad hubo muchos pareceres, pero al último me salvó el ser menor, y me dieron una sentencia de destierro por un año de la Corte y cinco leguas, y que no lo quebrantase so pena de destierro doblado; con lo cual salí a cumplillo luego, y el señor alguacil se quedó sin hijo, porque murió al tercero día.

Pasé mi año de destierro en Ávila, en casa de un tío mío que era cura de Santiago de aquella ciudad, y acabado me volví a Madrid, y dentro de veinte días que había llegado llegó también el Príncipe Cardenal Alberto, que venía de gobernar a Portugal y le mandaban a gobernar los Estados de Flandes. Mi madre había hecho particiones de la hacienda y sacado su dote; había quedado que repartir entre todos ocho hermanos 600 reales; yo la dije a mi madre: señora, yo me quiero ir a la guerra con el Cardenal; y ella me dijo: ¡rapaz, que no has salido del cascarón y quieres ir a la guerra! ya te tengo acomodado a oficio con un platero; yo dije que no me inclinaba a servir oficio, sino al rey, y no obstante, me llevó en casa del platero que había concertado sin mi licencia; dejóme en su casa, y lo primero que hizo mi ama fue darme una cantarilla de cobre, no pequeña, para que fuese por ella de agua a los Caños del Peral; díjela que yo no había venido a servir, sino a aprender oficio; que buscase quien fuese por agua; alzó un chapín para darme y yo alcé la cantarilla y tirésela, aunque no pude hacerla mal porque no tenía fuerza, y eché a huir por la escalera abajo y fui en casa de mi madre dando voces, que por qué había de ir a servir de aguador, a lo cual llegó el platero y me quería aporrear; salí fuera y carguéme de piedras y comencé a tirar; con que llegó gente y sabido el caso, dijeron por qué me querían forzar la inclinación; con esto se fue el platero y quedé con mi madre, a quien dije: señora, vuestra merced está cargada de hijos; déjeme ir a buscar mi vida con este Príncipe; y resolviéndose mi madre a ello, dijo: no tengo qué te dar; dije: no me importa, que yo buscaré para todos, Dios mediante; con todo, me compró una camisa y unos zapatos de carnero, y me dio cuatro reales y me echó su bendición; con lo cual, un martes, 7 de septiembre 1595, al amanecer, salí de Madrid tras las trompetas del Príncipe Cardenal.

Llegamos aquel día a Alcalá de Henares, y habiendo ido a una iglesia donde le tenían gran fiesta al Príncipe Cardenal, había un turronero, entre otros muchos, con unos naipes en las manos, y como aficionadillo, desaté de la falda de la camisa mis cuatro reales y comencé a jugar a las quínolas; ganómelos, y tras ellos la camisa nueva y luego los zapatos nuevos, que los llevaba en la pretina; dijele si quería jugar la mala capilla; en breve tiempo dio con ella al traste, con que quedé en cuerpo, primicias de que había de ser soldado; no faltó allí quien me lo llamó y aun rogó al turronero que me diese un real, el cual me lo dio, y un poco de turrón de alegría, con que me pareció que yo era el ganancioso. Aquella noche me fui a, palacio o a su cocina, por gozar de la lumbre, que ya resfriaba; pasé entre otros pícaros, y a la mañana tocaron las trompetas para ir a Guadalajara, con que fue menester seguir aquellas cuatro leguas mortales. Compré de lo que me quedó del real unos buñuelos, con que pasé mi carrera hasta Guadalajara; rogaba a los mozos de cocina se doliesen de mí y me dejasen subir un poco en el carro largo donde iban las cocinas; no se dolieron, como no era de su gremio.

Llegamos a Guadalajara, y yo fuime a Palacio, porque la noche antes me había sabido bien la lumbre de la cocina, donde me comedí sin que lo mandasen en ayudar a pelar y a volver los asadores, con lo cual ya cené aquella noche; y pareciéndole a maestre Jaques, cocinero mayor del Príncipe Cardenal, que yo había andado comedido y servicial, me preguntó de dónde era; yo se lo dije, y que me iba a la guerra; mandó que me diesen bien de cenar, y a otro día que me llevasen en el carro, lo cual hicieron bien contra su voluntad; yo continué a trabajar en lo que los otros galopines, aventajándome, con que maestre Jaques me recibió por su criado, con que vine a ser dueño de la cocina y de los carros largos que iban delante y con el Príncipe, donde me vengué de algunos pícaros haciéndoles ir a pie un día; pero luego se me pasó la cólera.

Caminamos a Zaragoza, donde hubo muchas fiestas, y de allí a Monserrate y Barcelona, que pude llevar cuatro y seis personas sin que me costase blanca; todo esto hace el servir bien; en Barcelona estuvimos algunos días, hasta que nos embarcamos en veintiséis galeras, la vuelta de Génova: y en Villafranca nos regaló mucho el duque de Saboya; de allí pasamos a Saona, y antes de llegar tomamos un navío, no sé si de turcos, o moros, o franceses, que creo había guerra entonces; parecióme bien el ver pelear con el artillería; tomóse.

En Saona estuvimos algunos días, hasta que fuimos a Milán, donde estuvimos algunos días, y de allí tomamos el camino de Flandes por Borgoña, donde hallamos muchas compañías de caballos y de infantería española, que hicieron un escuadrón bizarro; y como vi algunos soldados que me parecían eran tan mozos como yo, me resolví de pedir licencia a mi amo, maestre Jaques, el cual me había cobrado voluntad; y no solo no me dio licencia, pero que me dijo que me había de aporrear; con que me indiné y hice un memorial para Su Alteza haciéndole relación de todo, y cómo le seguía desde Madrid, y que su cocinero no rife quería dar licencia, que yo no quería servir sino era al rey; díjome que era muchacho, y yo respondí que otros había en las compañías; y otro día hallé el memorial con un decreto que decía: siéntesele la plaza, no obstante que no tiene edad para servilla; con que quedó mi amo desesperado, y como no lo podía remediar, me dijo que él no podía faltarme; que hasta que llegásemos a Flandes acudiese por todo lo que fuera menester; yo lo hice, y socorrí a más de diez soldados, y a mi cabo de escuadra en particular; senté la plaza en la compañía de el capitán Mejía, y caminando por nuestras jornadas, ya que estábamos cerca de Flandes, mi cabo de escuadra, a quien yo respetaba como al rey, me dijo una noche que le siguiera, que era orden del capitán, y nos fuimos del ejército, que no era amigo de pelear; cuando amaneció estábamos lejos, cinco leguas del ejército; yo le dije que dónde íbamos; dijo que a Nápoles; con lo cual me cargó la mochila y me llevó a Nápoles, donde estuve con él algunos días, hasta que me vi en una nave que iba a Palermo.

Capítulo II. Que trata hasta la segunda vuelta a Malta
Llegué [a Palermo] en breve tiempo y luego me recibió por paje de rodela el capitán Felipe de Menargas, catalán; servíle con voluntad de paje de rodela, y él me quería bien. Ofrecióse una jornada para Levante donde iban las galeras de Nápoles y de Sicilia, su general don Pedro de Toledo, y las galeras de Sicilia, su general don Pedro de Leyva; iban a tomar una tierra que se llama Petrache; tocó embarcar la compañía de mi capitán en la galera capitana de César Latorre, de la escuadra de Sicilia; llegamos a Petrache, que está en la Morea, y echamos la gente en tierra haciendo su escuadrón firme; la gente suelta o volante emprendieron entrar con sus escalas por la muralla; aquí fueron las primeras balas que me zurrearon las orejas, porque estaba delante de mi capitán con mi rodela y jineta; tomóse la tierra, pero el castillo no; hubo muchos despojos y esclavos, donde, aunque muchacho, me cupo buena parte, no en tierra sino en galera, porque me

dieron a guardar mucha ropa los soldados, como a persona que no me lo habían de quitar; pero luego que llegamos a Sicilia, de lo ganado hice un vestido con muchas colores, y un soldado de Madrid que se me había dado por paisano, de quien yo me fiaba, me sonsacó unos vestidos de mi amo el capitán, diciendo eran para una comedia; yo pensé decía verdad y que me había de llevar a ella, con lo cual cargó con toda la ropa, que era muy buena, lo mejor que tenía mi amo en los baúles, porque él lo escogió, junto con unos botones de oro y un cintillo; a otro día vino el sargento a casa y dijo al capitán cómo se habían ido cuatro soldados, y el uno era mi paisano; quedéme cortado cuando lo oí, y no dándome por entendido supe cómo las galeras de Malta estaban en el puerto y fuime a embarcar en ellas; y llegado a Mesina, escribí una carta al capitán mi amo dándole cuenta del engaño de mi paisano; que yo no le había pedido licencia de temor, con que pasé mi viaje hasta viaje hasta Malta, y en la misma galera unos caballeros españoles trataron de acomodarme con el Recibidor del Gran Maestre, un honrado caballero que se llamaba Gaspar de Monreal, que se holgó mucho de que le sirviese; hícelo un año con gran satisfacción suya, y al cabo le pedí licencia para irme a ser soldado a Sicilia, que el capitán mi amo me solicitaba con cartas diciéndome cuánta satisfacción tenía de mi persona; diome licencia el Comendador Monreal, con harto pesar suyo, y en vióme bien vestido; llegué a Mesina, donde estaba el virrey, duque de Maqueda; senté plaza de soldarlo en la compañía de mi capitán, donde serví como soldado y no como criado ni paje; de ahí un año, el virrey armó en corso una galeota y mandó que los soldados que quisieran ir en ella les darían cuatro pagas de contadas; fui uno de ellos, y fuimos a Berbería; era capitán della Ruy Pérez de Mercado, y no habiendo topado nada en

Berbería, a la vuelta topamos otra galeota poco menos que la nuestra en una isla que llaman la Lampadosa; entramos en la cala, donde se peleó muy poco, y la rendimos, cautivando en ella un cosario, el mayor de aquellos tiempos, que se llamaba Caradali, y junto con él otros noventa turcos; fuimos bien recibidos en Palermo del virrey, y con la nueva presa se engolosinó, que armó dos galeones grandes: uno se llamaba galeón de Oro y otro galeón de Plata; embarquéme en galeón de Oro y fuimos a Levante, donde hicimos tantas presas que es largo de contar, volviendo muy ricos, que yo con ser de los soldados de a tres escudos de paga, traje más de 300 escudos de mi parte en ropa y dinero; y después de llegados a Palermo mandó el virrey nos diesen las partes de lo que se había traído; tocóme a mí un sombrero lleno hasta las faldas de reales de a dos, con que comencé a engrandecerme de ánimo; pero dentro de pocos días se había jugado y gastado, con otros desórdenes. Tornóse a enviar los dos galeones a Levante, donde hicimos increíbles robos en la mar y en la tierra, que tan bien afortunado era este virrey; saqueamos los almagacenes que están en Alejandreta, puerto de mar, donde llegan a estos almagacenes todas las mercadurías que traen por tierra de la India de Portugal, por Babilonia y Alepo; fue mucha la riqueza que trajimos. En el discurso de estos viajes no dormía yo, porque tenía afición a la navegación, y siempre practicaba con los pilotos viéndoles cartear y haciéndome capaz de las tierras que andábamos, puertos y cabos, marcándolos, que después me sirvió para hacer un Derrotero de todo el Levante, Morea, y Natolia, y Caramania, y Suria, y África, hasta llegar a cabo Cantín, en el mar Océano; islas de Candía, y Chipre, y Cerdeña, Mallorca y Menorca; costa de España, desde cabo San Vicente, costeando la tierra, Sanlúcar, Gibraltar hasta Cartagena, y de ahí a Barcelona y costa de Francia hasta Marsella, y de ahí a Génova, y de Génova a Liorna, río Tíber y Nápoles, y de Nápoles toda la Calabria hasta llegar a la Pulla y golfo de Venecia, puerto por puerto, con puntas y calas, donde se pueden reparar diversos bajeles mostrándoles el agua; este derrotero anda de mano mía por ahí, porque me lo pidió el Príncipe Filiberto para velle y se me quedó con él.

Llegamos a Palermo con toda nuestra riqueza, de que el virrey se holgó mucho y nos dio las partes que quiso, y con la libertad de ser leventes de el virrey y dinero que tenía, no había quien se averiguase con nosotros, porque andábamos de hostería en hostería y de casa en casa. Una tarde fuimos a merendar a una hostería, como solíamos, y en el discurso de la merienda dijo uno de mis compañeros, que éramos tres: trae aquí comida bujarrón; el hostero le dijo que mentía por la gola; con que sacó una daga y le dio, de suerte que no se levantó.

Cargó toda la gente sobre nosotros con asadores y otras armas, que fue bien menester el sabernos defender; fuímosnos a la iglesia de Nuestra Señora de Gruta, donde estuvimos retraídos hasta ver como lo tomaba el virrey, y sabido que había dicho que nos había de ahorcar si nos cogía, dije: hermanos, más vale salto de matas que ruego de buenos; y recogiendo nuestra miseria cada uno, lo hicimos moneda y hice que nos trajeran nuestros arcabuces, sin que supieran para qué, y traídos, como la iglesia está a la orilla del mar en el mismo puerto, yo me valí de mi marinería y puse los ojos en una falucha que estaba cargada de azúcar, y a medianoche les dije a las camaradas: ya es hora; vuestras mercedes se embarquen; dijeron que seríamos sentidos; yo dije: no hay dentro de la faluca más del mogo que la guarda; y entrando dentro y tapando la boca al muchacho, zarpamos el ferro, diciéndole que callase, que lo mataríamos. Tomamos nuestros remos y comenzamos a salir de la cala, y al pasar por el castillo dijeron: ¡ah de la barca!, respondimos en italiano: barca de pesca; con que no nos dijeron más. Puse la proa a la vuelta de Nápoles, que hay 300 millas de golfo, y siendo Dios servido llegamos sin peligro en tres días. Vino el guardián del puerto por la patente; contamos la verdad, y que temerosos de que el duque de Maqueda no nos ahorcase, nos habíamos huido como está dicho. Era virrey el conde de Lemos viejo, y había hecho capitán de infantería a su hijo, el Señor Don Francisco de Castro, que después fue virrey de Sicilia y hoy conde de Lemos, aunque fraile. Quísonos ver el conde, y viéndonos de buena traza y galanes, mandó sentásemos la plaza en la compañía de su lujo, y que la faluga se enviase a Palermo con la mercaduría de azúcar que tenía; llamábanmos en Nápoles los leventes del duque de Maqueda y nos tenían por hombres sin alma.

A pocos días que estuvimos allí en buena reputación y en una casa de camaradas los tres sin admitir otras camaradas, una noche vino a nuestra casa un soldado de la misma compañía, valenciano, con otro; dicen eran caballeros, y nos dijeron: vuestras mercedes se sirvan de venir con nosotros, que nos ha sucedido aquí en el cuartel de los florentines un pesar; nosotros, por no perder la opinión de leventes, dijimos: vamos, ¡voto a Cristo! y dejamos el ama sola en casa. Yendo por el camino, hallamos un hombre que debía de estar haciendo el amor; y quedándose atrás el valenciano, oímos una voz; volvimos a ver lo que era, y venía el valenciano con una capa y un sombrero, y díjonos: no se quejará más el bujarrón. Yo le dije ¿qué era aquello? —dijo: un bujarrón, que le he enviado a cenar al infierno y me ha dejado esta capa. Yo me escandalicé cuando tal oí, y arrimándome a uno de mis camaradas, le dije: por Dios, que venimos a capear y no me contenta esto. Respondió: amigo, paciencia por esta vez, no perdamos con estos la opinión; yo dije: reniego de tal opinión; y llegando a una casa donde vendían vino, que al parecer era donde les habían hecho el mal, entramos por un postigo; y diciendo y haciendo, comenzaron a dar tras el patrón, y dando cuchilladas a las garrafas de vidrio, que eran muchas, y asimismo a las botas de vino a coces, de suerte que las destaparon y corría el vino como un río; el dueño, de la ventana dando voces; salimos por el postigo a la calle, y de la ventana dieron a una camarada de las mías con un tiesto, que lo derribaron redondo y quedó sin sentido; y a las grandes voces que daban, llegó la ronda italiana y comenzamos a bregar y menear las manos; el caído no se podía levantar, que era lo que sentía; últimamente nos apretaron con las escopetas de manera y con las alabardas, que a uno de los valencianos le pasaron una muñeca de un alabardazo, y prendieron juntamente con el que estaba en tierra. Nosotros nos retiramos hacia nuestro cuartel; y la ronda, llevando los presos, toparon con el muerto a quien quitó la capa el valenciano; dieron aviso al cuerpo de guardia principal de los españoles y salió luego una ronda en busca de mi camarada y de mí y del otro valenciano; y habiéndonos despedido del valenciano, nos íbamos a casa por la miseria que había, para irnos, cuando vimos la ronda con cuerdas encendidas a nuestra puerta; yo dije: amigo, cada uno se salve, pues no me quisisteis creer cuando la capa; y echando por una callejuela, me fui hacia el muelle, y en una posada que está junto al Aduana, llamé, a donde estaba un caballero del hábito de San Juan, que había venido de Malta a armar un galeón para ir a Levante, amigo mío, que se llamaba el capitán Betrian, y vístome, se espantó; contéle la verdad y escondiome y tuvo veinte días, hasta que estuvo de paciencia; y aquella noche me embarcó y metió en la cámara del bizcocho, donde sudé harto hasta que estuvimos fuera de Nápoles, que me sacó fuera y me llevó de buena gana hasta Malta; y el valenciano y mi camarada a quien derribaron con el tiesto, los ahorcaron dentro de diez días; de las otras camaradas no supe jamás.

Capítulo III. En que trata hasta el milagro de la isla Lampadosa

En Malta se holgó el Comendador Monreal de verme, y al cabo de algunos días que estuvimos allí, nos partimos para Levante con el galeón y una fragata; estuvimos más de dos meses sin hacer presa; y un día, yendo a tomar puerto en cabo Silidonia, hallamos dentro un bizarro caramuzal que era como un galeón; embestimos con él y los turcos se echaron en la barca a tierra por salvar la libertad. Ordenó el capitán fuésemos tras ellos, con ofrecimiento de diez escudos por cada esclavo. Había un pinar grande, y yo fui uno de los soldados que saltaron a tierra en seguimiento de los turcos; llevaba mi espada y una rodela, y sin pelo de barba. Embosquéme en el pinar y topé con un turco como un filisteo, con una pica en la mano, y en ella enarbolada una bandera naranjada y blanca, llamando a los demás; yo enderecé con él y le dije: sentabajo; pero el turco me miró y riyó, diciéndome: bremaneur casaca cacomiz; que quiere decir: putillo, que te hiede el culo, como un perro muerto. Yo me emperré y embracé la rodela y enderecé con él; con que ganándole la punta de la pica le di una estocada en el pecho que di con él en tierra, y quitando la bandera de la pica me la ceñí; y estaba despojando cuando llegaron dos soldados franceses diciendo: a la parte; yo me levanté de encima del turco, y embrazando mi rodela les dije que lo dejaran, que era mío: si no que los mataría; ellos les pareció que era de burla y comenzamos a darnos muy bien, sino que llegaron otros cuatro soldados con tres turcos que habían tomado y nos metieron en paz; con lo cual nos fuimos todos juntos al galeón sin que despojásemos al herido de cosa alguna. Contóse todo al capitán, el cual, tomada la confesión al turco, dijo que yo solo era el dueño de todo; los franceses casi se amotinaban porque yo solo era español en todo aquel galeón, y había de franceses más de 100, y así hubo de dejar el capitán el caso hasta Malta, delante de los señores del Tribunal del armamento. Tenía el turco encima 400 cequíes de oro; el caramuzal estaba cargado de jabón de Chipre; metieron gente dentro y envióse a Malta; y nosotros nos quedamos a buscar más presas y fuimos a la vuelta de las cruceras de Alejandría, y de parte de tarde descubrimos un bajel, al parecer grandísimo, como lo era; tomámosle por la juga por no perdelle, y así nos encontramos a medianoche; y con la artillería lista le preguntamos: ¿qué bajel?; respondió: bajel que va por la mar; y como él venía listo también, porque de un bajel no se le daba nada, a causa que traía más de 400 turcos dentro y bien astillado, dionos una carga que della nos llevó al otro mundo diecisiete hombres sin algunos heridos; nosotros le dimos la nuestra, que no fue menos; abordamos y fue reñida la pelea, porque nos tuvieron ganado el castillo de proa y fue trabajoso el rehacerlos a su bajel; quedámonos esta noche hasta el día con lo dicho, y amaneciendo nos fuimos para él, que no huyó; pero nuestro capitán usó de un ardid que importó, dejando en cubierta no más que la gente necesaria y cerrados todos los escotillones, de suerte que era menester pelear o saltar a la mar; fue reñida batalla, que les tuvimos ganado el castillo de proa muy gran rato y nos echaron de él, con que nos desarrizamos y le combatíamos con la artillería, que éramos mejores veleros y mejor artillería. Aquí vi dos milagros este día, que son para dichos, y es: que un artillero holandés se puso a cargar una pieza descubierto, y le tiraron con otra, de manera que le dio en medio de la cabeza, que se la hizo añicos y roció con los sesos a los de cerca, y con un hueso de la cabeza le dio a un marinero en las narices, que de nacimiento las tenía tuertas, y después de curado quedaron las narices tan derechas como las mías, con una señal de la herida. Otro soldado estaba lleno de dolores que no dejaba dormir en los ranchos a nadie, echando porvidas y reniegos; y aquel día le dieron un cañonazo o bala de artillería raspándole las dos nalgas; con lo cual jamás se quejó de dolores en todo el viaje y decía que no había visto mejores sudores que el aire de una bala. Pasamos adelante con nuestra pelea aquel día a la larga, y viniendo la noche trató el enemigo de hacer fuerza para embestir en tierra, que estaba cerca; y siguiéndole nos hallamos todos muy cerca de tierra con una calma, al amanecer, día de Nuestra Señora de la Concepción, y el capitán mandó que todos los heridos subiesen arriba a morir, porque dijo: señores, o a cenar con Cristo o a Constantinopla; subieron todos y yo entre ellos, que tenía un muslo pasado de un mosquetazo y en la cabeza una grande herida que me dieron al subir en el navío del enemigo, con una partesana el día antes, cuando ganamos el castillo de proa; llevábamos un fraile carmelita calzado por capellán, y díjole el capitán: Padre, échenos una bendición, porque es el día postrero; el buen fraile lo hizo, y acabado, mandó el capitán a la fragata que nos remolcase hasta llegar al otro bajel que estaba muy cerca; y abordándonos fue tan grande la escaramuza que se trabó, que aunque quisiéramos apartarnos era imposible, porque habían echado un áncora grande con una cadena grande del otro bajel porque no nos desasiéramos; duró más de tres horas, y al cabo dellas se conoció la victoria por nosotros, porque los turcos, viéndose cerca de tierra, se comenzaron a echar a la mar y no vían que nuestra fragata los iba pescando; acabóse de ganar; con que después de haber aprisionado los esclavos se dio a saquear, que había mucho y rico; y eran tantos los muertos que había dentro que pasaban [de] 250 y no los habían querido echar a la mar porque nosotros no lo viéramos; echémoslos nosotros, y vi aquel día cosa que para que se vea lo que es ser cristiano, digo: que entre los muchos que se echaron a la mar muertos hubo uno que quedó boca arriba, cosa muy contraria a los moros y turcos, que en echándolos muertos a la mar, al punto meten la cara y cuerpo hacia abajo y los cristianos hacia arriba; preguntamos a los turcos que teníamos esclavos que como aquel estaba boca arriba, y dijeron que siempre lo habían tenido en sospecha de cristiano y que era renegado bautizado, y cuando renegó era ya hombre de nación francesa. Reparamos nuestro bajel y el preso, que todos dos lo habían menester, y tomamos la vuelta de Malta, donde llegamos en breve tiempo; y como la presa era tan rica mandó el capitán nadie jugase, porque cada uno llegase rico a Malta; mandó echar los dados y naipes a la mar y puso graves penas quien los jugase, con lo cual se ordenó un juego de esta manera: hacían un círculo en una mesa como la palma de la mano, y en el centro de él, otro círculo chiquito como de un real de a ocho, en el cual todos los que jugaban cada uno metía dentro de este círculo chico un piojo, cada uno tenía cuenta con el suyo, y apostaban muy grandes apuestas, y el piojo que primero salía del círculo grande tiraba toda la apuesta, que certifico la hubo de 80 cequíes. Como el capitán vio la resolución dejó que jugasen a lo que quisiesen; ¡tanto es el vicio del juego en el soldado! En Malta puse pleito por mi esclavo se en Malta por que tomé en tierra en cabo Silidonia; y habiéndose hecho de una parte y otra lo necesario, dieron sentencia los señores del armamento que los 400 cequíes entrasen en el número de la presa y que a mí se me diesen cien ducados de joya por el prisionero, y la bandera, con facultad que la pusiese en mis armas por despojo, si quería; lo cual hice con mucho gusto, y entregué la bandera a una iglesia de Nuestra Señora de la Gracia. Tocóme con las partes y galima que hice más de 1.500 ducados, los cuales se gastaron brevemente; y viendo que las galeras de la Religión estaban de partencia para Levante, a hacer una empresa, me embarqué en ellas por venturero y en veinticuatro días fuimos y venimos, habiendo tomado una fortaleza que está en la Morea, que se llama Pasaba, de la cual se trajeron 500 personas entre hombres y mujeres y niños; el Gobernador y mujer, hijos y caballos y treinta piezas de artillería de bronce, que se espantó el mundo, sin perder un hombre; verdad es que pensaron era la armada de cristianos que estaba en Mesina junta. Luego el mismo año, que fue 1601, fueron las mismas galeras a Berbería a hacer otra empresa. Embarqueme venturero como el viaje pasado, y fuimos y tomamos una ciudad llamada la Mahometa; fue de esta suerte: llegamos a vista de la tierra la noche antes de que hiciéramos esta empresa, y caminamos muy poco hasta la mañana que estuvimos muy cerca; mandó el general que todos nos pusiésemos turbantes en la cabeza y desarbolaron los trinquetes; de suerte que parecíamos galeotas de Morató raez, y ellos lo pensaron, enarboladas banderas y gallardetes turquescos y con unos tamborilillos y charamolas tocando a la turquesca; de esta manera llegamos a dar fondo muy cerca de tierra; la gente de la ciudad, que está en la misma lengua del agua, salió casi toda: niños y mujeres y hombres; estaban señalados 300 hombres para el efecto, que no fueron perezosos a hacerlo, y con presteza embistieron con la puerta y ganaron, con que quedó presa; yo fui uno de los 300; cogimos todas las mujeres y niños y algunos hombres, porque se huyeron muchos; entramos dentro y saqueamos, pero mala ropa, porque son pobres vagarinos. Embarcáronse 700 almas y la mala ropa; vino luego socorro de más de 3.000 moros a caballo y a pie; con que dimos fuego a la ciudad y nos embarcamos. Costonos tres caballeros y cinco soldados que se perdieron por codiciosos; con que nos volvimos a Malta, contentos, y gasté lo poquillo que se había ganado, que las quiracas de aquella tierra son tan hermosas y taimadas, que son dueñas de cuanto tienen los caballeros y soldados.

De allí a pocos días me ordenó el Señor Gran Maestre Viñancur fuese a Levante con una fragata a tomar lengua de los andamientos de la armada turquesca, por la práctica que tenía de la tierra y lengua; llevaba la fragata, entre remeros y otros soldados, treinta y siete personas de que yo era capitán, y para ello me dieron mi patente firmada y sellada del Gran Maestre. Fui y entré en el Archipiélago; tuve noticia de unas barcas, como la armada había salido de los castillos afuera y que quedaba en una isla que se llama el Tenedo y que iba la vuelta de Xío; yo me entretuve hasta ver que llegase a Xío, y sabiendo que estaba allí, aguardé a ver si iba a Negroponte, que está en la Morea fuera del Archipiélago; porque si no sabía la certidumbre si iba a tierra de cristianos o se quedaba en sus mares, no hacía nada, y es a saber: que todos los años el general de la mar sale de Constantinopla a visitar el Archipiélago, que son muchas islas habitadas de griegos, pero los Corregidores son turcos; y de camino recoge su tributo, que es la renta que tiene, y hace justicia y castiga y absuelve; además que todas aquellas islas le tienen guardado su presente conforme es cada una, y tiene la habitación y muda los Corregidores; trae consigo la Real con otras veinte galeras que están en Constantinopla; la escuadra de Rodas que son nueve; las dos de Chipre y una de las dos de Alejandría; dos de Trípoli de Suria; una de Egipto; otra de Nápoles de Romania; tres de Xíos; otras dos de Negroponte; otra de la de Caballa; otra de Mitilín; estas no son del Gran Turco; solas las de Constantinopla y las de Rodas, que las demás son de los Gobernadores que gobiernan estas tierras que he nombrado. Acuérdome de las dos de Damiata, que es por donde pasa el Nilo y en él están estas dos galeras y juntas hacen su visita como digo, al Archipiélago; y cuando ha de salir de él y venir a tierra de cristianos, se juntan las de Berbería, Argel, Biserta, Trípoli y otras que arman para hacer cuerpo de armada como lo hicieron este año; pero si no llegan a despalmar y tomar bastimentos a Negroponte, no hay pensar vayan a tierras de cristianos. Supe de cierto despalmaban y tomaban bastimentos en Negroponte y fuime aguardar a cabo Mayna, y del dicho cabo descubrí la armada, que era de cincuenta y tres galeras con algunos bergantinillos. Partime para la isla de la Sapiencia que está enfrente de Modón, ciudad fuerte de turcos y cerca de Navarín; de allí me vine al Çante, ciudad de venecianos, en una isla fértil, y estuve hasta saber había partido de Navarín y atravesé a la Chifalonia, también isla de venecianos, y de allí me vine al golfo a la Calabria que hay 400 millas; tomé el primer terreno y di aviso como la armada venía, y costeando la tierra fui dando aviso hasta llegar a Ríjoles, donde tuve noticia cierta iba a saquear, como lo había hecho otro general su antecesor que se llamaba Cigala. Fui bien recibido del Gobernador de Ríjoles, que era un caballero del hábito de San Juan, que se llamaba Rotinel, el cual se previno llamando gente de su distrito y caballería, y fue menester darse buena prisa, porque la armada estuvo dada fondo en la fosa de San Juan, distante de Ríjoles 15 millas; al tercer día, y por los caballos que iban y venían de la fosa de San Juan a Ríjoles, supimos cómo la armada echaba gente en tierra. El Gobernador les hizo una emboscada que les degolló 300 turcos y tomó a prisión sesenta; con que se embarcaron sin hacer daño ninguno, y a mí me mandó el Gobernador me metiese en mi fragata y atravesase el foso y diese aviso a las ciudades Tabormina y Çaragoça y Agusta que están en la costa de Sicilia enfrente de la de San Juan, distante veinte millas; lo cual hice atravesando por medio de su armada, y habiendo hecho lo que se me ordenó, pasé a Malta y di aviso de lo referido y estúvose con cuidado, con que la armada vino a la isla del Goço, donde tenemos una buena fortificación, y como estaban ya con aviso, cuando el enemigo quiso desembarcar, la caballería que hay en aquella isla no se lo consintió, ni que hiciesen agua. Este fin tuvo este año la armada del turco en nuestras tierras. Pasáronse algunos días con las quiracas y enviáronme a Berbería a reconocer la Cántara, que es una fortaleza que está en Berbería cerca de los Gelves y es cargador de aceite, y se tenía nueva cargaban dos urcas para Levante. Salí del puerto de Malta con mi fragata bien armada, camino de Berbería, y a medio camino hay una isla que llaman de Lampadosa, donde cogimos a Caradali aquel cosario; tiene un puerto capaz para seis galeras, y hay una torre encima del puerto, muy grande, desierta; dicen está encantada y que en esta isla fue donde se dieron la batalla el rey Rugero y Bradamonte; para mí, fábula; pero lo que no lo es que hay una cueva que se entra a paso llano; en ella hay una imagen de Nuestra Señora con un niño en brazos, pintada en tela sobre una tabla muy antigua, y que hace muchos milagros; en esta cueva hay su altar en que está la imagen, con muchas cosas que han dejado allí de limosnas cristianos, hasta bizcocho, queso, aceite, tocino, vino y dinero. Al otro lado de la cueva hay un sepulcro, donde dicen está enterrado un morabito turco, que dicen es un santo suyo y tiene las mismas limosnas que nuestra imagen, más y menos, y mucho ropaje turquesco; solo no tiene tocino; es cosa cierta que esta limosna de comida la dejan los cristianos y turcos, porque cuando llegan allí si se huye algún esclavo tenga con que comer hasta que venga bajel de su nación y le lleve si es cristiano o turco; hémoslo visto, porque con las galeras de la Religión se nos ha[n] huido moros y guardádose allí hasta que ha venido bajel de moros y se embarca[n] en él; inter, comen de aquel bastimento; saben si son bajeles de cristianos o moros los que quedan allí, en esta forma: la isla tiene la torre dicha, donde suben y descubren a la mar, y en viendo bajel van de noche entre las matas y al puerto, y en el lenguaje que hablan es fácil de conocer si es de los suyos; llaman y embárcanlo; esto sucede cada día. Pero adviértese que ni él ni ninguno de los bajeles se atreverá a tomar el valor de un alfiler de la cueva, porque es imposible salir del puerto, y esto lo vemos cada día. Suele estar ardiendo de noche y día la lámpara de la Virgen sin haber alma en la isla; la cual es tan abundante de tortugas de tierra que cargamos las galeras cuando vamos allí, y hay muchos conejos; es llana como la palma; bojea 8 millas.

Toda esta limosna, que es grande, no consiente la imagen la tome ningún bajel de ninguna nación, si no son las galeras de Malta, y lo llevan a la iglesia de la Anunciada de Trápana; y si otro lo toma, no hay salir del puerto.

Capítulo IV. En que se sigue viajes de Levante y sucesos
[hasta que llegué a la isla de Estampalia]

Yo seguí mi viaje la vuelta de Berbería aquella noche y amanecí en el Seco, diez millas largo, donde estaba una galeota de diecisiete bancos, que no me holgué de verla; la cual como me vio enarboló un estandarte verde con tres medias lunas, que llegaba al agua; mi gente comenzó a desmayar y el patrón dijo: ¡ay de mí! que somos esclavos, que es la galeota de Çayte Mamí de Trípoli; yo le reñí y dije: ea, hijos, que hoy tenemos buena presa; paré y no navegué, por prevenirme; puse mi moyana en orden y enllenela de clavos y balas y saquillos de piedra y dije: dejáme, que esta galeota es nuestra; cada uno tenga su espada y rodela a su lado; y los soldados con sus mosquetes, que llevaba ocho que eran españoles de quien me fiaba; comencé a caminar hacia la galeota; ella se estaba queda y hacía bien, porque yo no podía huir, aunque hubo pareceres dello; pero era mi total ruina, además de la infamia; díjelos: amigos, ¿no veis que de aquí a tierra de cristianos hay 120 millas y que este bajel es reforzado y a cuatro paladas nos ancorará y les damos valor en huir?; dejáme hacer a mí, que yo también tengo vida; mirá, en llegando a abordarla nos es prolongaremos y daremos la carga de mosquetería; ellos se meterán abajo a recibilla, y cuando se levantasen a darnos la suya les daría con la moyana que estaba a mi cargo y los arrasaría; parecioles bien, y arbolando nuestras banderas fui con el mayor valor a embestirla, que se quedaron atónitos; y vista mi resolución ya que estábamos cerca se puso en huida; seguila más de cuatro horas no pudiéndola alcanzar y mandé que no bogasen y que comiese la gente; la galeota hizo lo mismo sin apartarse; torné a dar caza y ellos a recibilla, hasta la tarde que hice lo mismo; estúveme quedo toda la tarde y la noche con buena guarda por ver si se iría con la oscuridad y yo hacer mi viaje a la Cántara. Antes de amanecer di de almorzar a la gente, y vino puro, por lo que se podía ofrecer; y amanecido me los hallé a tiro de arcabuz; puse la proa sobre ellos y los iba alcanzando, y tiré la mosquetería; ellos apretaron los puños en huir; yo en seguir, que no los quise dejar hasta que los hice embestir en tierra, debajo de la fortaleza de los Gelbes, donde saltaron en tierra, el agua a la cintura, porque esto todo es bajo; y aunque me tiraron algunas piezas, no por eso dejé de dar un cabo a la galeota y saqué fuera donde no me alcanzaba la artillería, habiendo quedado dentro dos cristianos que eran esclavos; el uno mallorquín y el otro siciliano de Trápana; hubo algunas cosillas, como escopetas y arcos y flechas y alguna ropa de vestir; quitele las velas y la bandera, y el buque, con hartas cosillas que no quise por no cargar la fragata, lo mandé quemar. Partime de allí la vuelta de la Cántara y no había en el cargador bajel ninguno. Olvidóseme decir de donde era la galeota, y era de Santa Maura, que venía a Berbería [a] armar para andar en corso.

De la Cántara me fui a Trípoli el Viejo, y en una cala que está doce millas me metí desarbolado todo un día y noche; y a otro día al amanecer pasaba un garbo cargado de ollas con diecisiete moros y moras. No se me escapó ninguno y metí los en mi fragata y eché a fondo el garbo en que le quité una tinaja llena de azafrán y algunos barraganes. Di la vuelta a Malta, donde fui bien recibido. Dióseme lo que me tocaba de los esclavos, que los toma la Religión a 60 escudos, malo con bueno, y del monte mayor me tocó a siete por ciento. Gastóse alegremente con amigos y la quiraca, que era la que mayor parte tenía en lo que ganaba con tanto trabajo. En este tiempo se llegó el día de San Gregorio, que está fuera de la ciudad seis millas, donde va toda la gente y el Gran Maestre y no queda quiraca en el lugar. Yo había de ir y de celos que tenía no quise ir ni que fuera la quiraca; y este día, después de comer, estando con la tal quiraca tratando nuestros celos, oí disparar una pieza de el castillo de San Telmo, cosa nueva y al punto otra; salí a la calle y daban voces que se huían los esclavos del horno de la Religión donde hacen el pan para toda ella. Partí al punto al Burgo, donde tenía mi fragata, y pensando hallaría mi gente, fue en balde, porque se habían ido a San Gregorio; tomé luego de los barqueroles que andan ganando a pasar gente y armé la fragata, no metiendo más que la moyana y medias picas. Salí del puerto en seguimiento de los esclavos que iban en una buena barca y llevaban por bandera una sábana; llegando cerca les dijo que se rindiesen, y con poca vergüenza me dijeron que llegase; eran veintitrés y llevaban tres arcos con cantidad de flechas y dos alfanjes y más de treinta asadores; torneles a decir que mirasen los había de echar a fondo; que se rindiesen, que no los harían mal; que obligados estaban a buscar la libertad; no quisieron, diciendo querían morir, pues les había quitado la libertad. di fuego a la moyana y perniquebré a cuatro de ellos, y abordando me dieron una carga de flechazos que me mataron a un marinero y hirieron dos; entré dentro y maniatados los metí en la fragata y la barca que traje de remolco; acerté a estropear uno de ellos y era el cabo y se iba muriendo de las heridas; y antes que acabase lo ahorqué de un pie y colgado del entré en el puerto, donde estaba toda la gente de la ciudad en las murallas, y el Gran Maestre, que había venido al sentir la artillería. Llevaban más de doce mil ducados de plata y joyas de sus dueños, que aunque huían del horno no había más que cuatro dél; que los demás eran de particulares. Valióme lo que yo me sé; salté en tierra, besé la mano al Gran Maestre y estimó el servicio y mandó que se me diese 200 escudos; pero si yo no me hubiera pagado de mi mano, no tocara ni un real, porque cargaron aquellos señores dueños de los esclavos, que eran todos Consejeros, y aun me puso pleito uno por el que ahorqué, a que se le pagase; no tuvo efecto, que se quedó ahorcado y la quiraca satisfecha de no haber ido a la fiesta, porque gozó todo lo que hurté en la barca, de que hoy día tiene una casa harto buena, labrada a mi costa.

De allí a pocos días se ofreció que venían a Malta tres Padres capuchinos de Sicilia y se habían embarcado en un bajel cargado de leña, y salió un bergantín y los cautivó. Súpolo el Maestre y a medianoche me envió a llamar y mandó en todo caso saliese del puerto en busca del bergantín, aunque fuese hasta Berbería. Hícelo, y llegado a Sicilia a la torre del Poçal tomé lengua como el bergantín iba a la Licata; seguile y allí me dijeron había ido a Surjento y allí me dijeron que había ido hacia Marçara y allí me dijeron había ido hacia el Maretimo, isla, la vuelta de Berbería, que hay un castillejo del rey; dijéronme que allí había más de siete horas se había partido a Berbería. Resolvime seguille; la gente se amotinó contra mí porque no llevaba el bastimento necesario, y era verdad; pero yo me fiaba en que estaba en el camino la Madre de Dios de la Lampadosa, a quien le quitáramos todo el bastimento y al morabato con intención de pagárselo, y así se lo dije a todos, con que se quietaron. Hice vela la vuelta de Berbería en Nombre de Dios y a menos de ocho horas la guarda de arriba descubrió el bajel; apreté a remo y vela porque no me faltase el día y ganábale el camino a palmos; el bergantín se resolvió irse a una isla que se llama Calinosa, con parecelle se salvaría por venir la noche; pero yo me di tan buena maña que le hice embestir antes de tiempo en la isla; huyéronseme todos los moros, que eran diecisiete y hallé el bergantín con solos los tres frailes y una mujer y un muchacho de catorce años y un viejo; retirele a la mar y estuve con buena guarda hasta la malsana; era lástima ver los Padres con las esposas en las manos; cenamos y a la mañana envié dos hombres diligentes a lo alto de la isla a reconocer la mar, y que se quedase uno de guarda y el otro bajase con lo que había; dijo estaba limpia de bajeles la mar, con lo cual envié al bosque, que es chiquito, a pegar fuego por cuatro partes, y en el aire salieron todos diecisiete moros sin faltar ninguno: aprisionelos y metí dentro de la fragata la mitad, y en el bergantín la otra mitad con otra mitad de mi gente, con lo cual hicimos vela la vuelta de Malta, donde entramos con el gusto que se deja considerar, valiome mis 300 escudillos el viaje, además del agradecimiento, con que echó un remiendo la quiraca.

Dentro de pocos días me enviaron a Levante a tomar lengua; púseme en orden y partí de Golfo Lançado; fue el primer terreno que tomé el Çante 600 millas distante de Malta entre el Archipiélago y en la isla de Cerfanto una mañana topé con un bergantinillo chico medio despalmado con diez griegos; metilos en mi fragata y pregunté dónde iban tan aprestados; dijeron que a Xío; yo como era bellaco les dije que ¿dónde tenían los turcos que traían?; dijeron y juraron que no tenían a nadie; yo dije: pues estos tapacines, ¿cuyos son? No veis que son en que comen los turcos? Que vosotros no traéis éstos; negaron; yo comencé a darles tormento y no como quiera; pasáronlo todos excepto un muchacho de quince años a quien hice desnudar y que le atasen y sentasen en una piedra baja; y dije: dime la verdá; si no, con este cuchillo te [he] de cortar la cabeza; el padre del muchacho, como vio la resolución, vino y echóse a mis pies y díjome: ¡ah, capitán! no me mates a mi hijo, que yo te diré dónde están los turcos; este tal se había ensuciado en el tormento; miren el amor de los hijos. Fueron soldados y trajeron tres turcos: uno señor y dos criados, con su ropa o aljuba de escarlata aforrada en martas y sus cuchillos damasquinos con su cadenilla de plata; echóse a mis pies con una barba bermeja muy bien castigada. Despedí el bergantinillo con los griegos; pero olvidábaseme que trajeron con el turco cinco baúles de estos redondos turquesos, llenos de damasco de diferentes colores y mucha seda sin torcer encarnada, y algunos pares de zapaticos de niños.

Traté de tomar lengua y éste me la dio, porque venía de Constantinopla y traía un caramuzal cargado, y de miedo de los cosarios venía en aquel bergantinillo, que parecía estaba seguro; y del turco tenía razón; díjome cómo la armada del turco iba al Mar Negro; con que descuidé y traté si quería rescatarse; díjome que sí; venimos ajustar tras largas pláticas en que me daría 3.000 cequíes de oro y que para ello había de empeñar dos hijos en Atenas, de donde era; fui hacia allá y no quise entrar en el puerto, porque tiene la boca estrecha y pueden no dejar salir, si quieren, con veinte arcabuceros; fui a una cala que está cinco millas de la tierra; fue necesario enviar uno de los dos criados, con tiempo tres horas, no más, para ir y venir; hízolo y vino con él toda la nobleza de Atenas a caballo; cuando vi tanta caballería retiréme a la mar, y en una pica enarbolaron una toalla blanca, con que me aseguré y yo arbolé la de San Juan; entraron dentro tres turcos venerables, y que yo saliese a ajustar; hícelo con uno que parecía o debía de ser el Gobernador, por la obediencia que tenían; díjome que hasta otro día no se podía juntar el dinero; respondí que con irme estaba hecho; que bien sabía que Negroponte estaba por tierra muy poco camino y podían avisar a Morató Gancho, que era el Baxá de aquella ciudad y podía venir con su galera que era de veintiséis bancos y cogerme; que si quería asegurarme de la mar y de la tierra, que yo aguardaría lo que mandase; díjome que de la mar no podía; que de la tierra, sí; yo dije: pues dame licencia, que me quiero ir, y llama tus turcos que están dentro la fragata. El, como me vio resuelto, me dijo que gustaba dello; y así, delante de todos alzó el dedo diciendo Hala ylala; con lo cual es más cierto este juramento que veinte escrituras cuarentijas; hablamos de muchas cosas, porque entendía español; alviértese que había enviado a llamar al Morató Gancho; comimos de una ternera que se mató y en lugar de vino bebimos aguardiente de pasas de Corinto; hicieron que subiese a caballo; yo dije que no lo había ejercitado, si no el andar pemar; hiciéronlo ellos y corrieron y escaramuzaron, que era de ver, porque los caballos eran buenos y traían todos encima de las ancas una cubierta corta de damasco de diferentes colores y eran más de 250. Trajeron el dinero en reales de a ocho segovianos nuevos y me rogaron los tomase, que no se hallaba oro; dije al patrón que los tomase y contase y parecíale que tanto dinero nuevo y tan lejos ¿de donde se hace?; no hubiese alguna tramoya; vino a mí; díjomelo; mandéle cortase uno y eran el centro de cobre y el borde de plata; quejéme luego, y juramentando por Alá que no eran sabedores de ello, quisieron matar a dos venecianos mercaderes que lo habían traído; y lo hicieran si yo no les fuera a la mano: rogáronme tuviese paciencia mientras se volvía a la ciudad a traer el dinero; y en cuatro caballos fueron cuatro turcos como el viento; estando en esto asomó por la puerta de la cala la galeota de Morató Gancho; yo cuando la vi me quedé helado, y al punto se pusieron a caballo y enarbolaron una bandera blanca en una lanza; la galera fue a la vuelta dellos y la hicieron dar fondo lejos de mí casi un tiro de arcabuz; que esta ley tienen estos turcos; y desembarcado el arraez, vino donde estaba yo con otros turcos; yo me fui para él y nos saludamos, él a su usanza y yo a la mía; fue a ver al que yo tenía esclavo, pidiéndome licencia; yo mandé al punto le echas en tierra con su aljuba y cuchillos, como le tomé, que lo estimaron mucho; estuvimos de buena conversación y me pidieron fuese a ver la galera; fuimos y al entrar me saludaron con las charamelas; estuve un poco y luego nos salimos a tierra y pasamos en conversación hasta que vinieron con el dinero, que no tardó dos horas en ir y venir; trajéronlo en cequíes de oro, y más me presentaron dos mantas blancas como una seda, dos alfanjes con sus guarniciones de plata, dos arcos y dos carcajes con 500 flechas hechas un ascua de oro, mucho pan y aguardiente y dos terneras. Mandé sacar la seda por torcer y los zapaticos y dilos al que era mi cautivo, que me besó en pago dello; y más le di una pieza de damasco, y otra presenté a el arraez de la galera; diome él unos cuchillos damasquinos. Con que ya anochecía y queriéndome yo partir me rogó cenase con él, que por la mañana me iría. Acepté y regalóme muy bien; estando cenando envió un billete mi cautivo al arraez, pidiéndole rescatase sus dos criados y que me lo rogase; hízolo con grande instancia; envié por ellos al punto a la fragata y díjele: véslos aquí ya a su voluntad; estimolo mucho; dábame 200 cequíes; no quise recibirlos y así me dijo: pues llévate este cristiano que me sirve en la popa a mí; yo le dije que lo adcetaba (sic) porque cobraba libertad. Fuíme a mi fragata y a la mañana envié a pedirle licencia para zarpar; díjome que cuando yo quisiese: hícelo, y al pasar por cerca la galera la saludé con la moyana; respondiome con otra pieza; con que nos fuimos cada uno su viaje. Tomé la derrota hacia el canal de Rodas y llegué a una isla que se llama Estampalia, con buena habitación de griegos; en ésta no hay Corregidor, sino es capitán y Gobernador un griego con patente del general de la mar; yo era muy conocido en todas estas islas y estimado, porque jamás los hice mal, antes los ayudaba siempre que podía; cuando tomaba alguna presa de turcos y no la podía llevar a Malta, daba de limosna el bajel y les vendía el trigo o arroz y lino, que de ordinario eran la carga que traían; y fue tanto esto, que cuando había algunas discusiones grandes, decían: aguardemos al capitán Alonso, que así me llamaban, para que las sentenciase; y cuando venía, me hacían relación y las sentenciaba aunque aguardasen un año, y pasaban por ella como si lo mandara un Consejo Real, y luego comíamos todos juntos los unos y los otros.

Capítulo V. En que se sigue hasta que vine a Malta otra
vez de Levante

Llegado que fui a Estampalia, entré en el puerto; era día de fiesta; y así como conocieron que era yo, avisaron y al punto bajaron casi toda la tierra y el capitán Jorge, que así se llamaba, apellidándome o morfo pulicarto, que quiere decir mozo galán; venían muchas mujeres casadas y doncellas en cuerpo con sus basquiñas a media pierna y jaquetillas coloradas con media manga casi justa y las faldas della redondas hasta media barriga; medias de color y zapatos y algunas chinela abierta por la punta, y algunas las traen con terciopelo de color como el vestido también; quien puede de seda y quien no de grana; sus perlas, como las traemos en la garganta acá las traen en la frente, y sus arracadas y manillas de oro en las muñecas quien puede. Entre éstas había muchas que eran mis comadres, a quien había yo sacado de pila sus hijos. Venían todos tristes como llorando y a voces me pidieron les hiciese justicia; que una fragata de cristianos había con engaño llevádoles el pápaz, que es el cura, y que habían pedido por él dos mil cequíes. Yo dije, dónde estaba o cuándo le habían cautivado; dijeron que esta mañana y no habían oído misa y era esta hora las dos de la tarde. Torné a preguntar; ¿pues dónde está la fragata de cristianos que le llevó? dijeron que en el Despalmador, que es un islote cerca de dos millas. Enderecé allá con mi fragata y muy en orden, porque era fuerza el pelear aunque eran cristianos, porque son gente que arman sin licencia y todos de mala vida y hurtan a moros y a cristianos, como se vía, pues cautivaba el cura y lo rescataba en dos mil cequíes. En suma, llegué al islote con las armas en la mano y la artillería en orden; hallé la fragata con una bandera enarbolada, con la imagen de nuestra Señora; era la fragata chica, de nueve bancos, con veinte personas; mandé al punto entrase el capitán de ella en mi Fragata, que al punto lo hizo, y preguntéle dónde había armado; dijo que en Meçina; pedíle la patente y diomela, pero era falsa, y así luego hice entrar en mi fragata la mitad de la gente y que les echasen esposas y envié a su fragata otros tantos; comenzaron a quejarse diciendo que ellos no tenían culpa; que Jacomo Panaro les traía engañados, que así se llamaba su capitán, diciéndoles traía licencia del virrey, y que querían ir sirviéndome al cabo del mundo y no andar un punto con el otro; que ellos no habían sabido quería cautivar al pápaz, y que así como vieron entrar mi fragata en el puerto, quiso huirse el capitán con el pápaz y ellos no quisieron, sino aguardar. Con esto me resolví a que no los echasen esposas y desembarqué al capitán en el islote, desnudo, sin sustento ninguno, para que allí pagase su pecado muriendo de hambre. Partí con las dos fragatas y llegado al puerto estaban casi toda la gente della; desembarqué al pápaz, y así como le vieron comenzaron a gritar y a darme mil bendiciones; supieron cómo dejaba desnudo al capitán en la isla y sin comida: pidiéronme de rodillas enviase por él; dije que no me enojasen, que así se castigaban los enemigos de cristianos, ladrones; que agradeciesen que no le había ahorcado; subimos a la iglesia del lugar, dejando en guarda las fragatas, sin que subiese sino una camarada; entrando en la iglesia, se sentaron en los bancos los más caballeros, si es que los había, quiero decir los más granados, que en todas partes hay más y menos; a mí me sentaron solo en una silla con una alfombra debajo los pies; y de allí un poco salió revestido el cura, como de Pascua, y comenzó a cantar y a responder toda la gente con Cristo saneste, que es dar gracias a Dios; incensóme y después me besó en el carrillo y luego fue viniendo toda la gente; los hombres primero y luego mujeres, haciendo lo mismo; cierto es que había hartas hermosas de que no me pesaba sus besos, que templaba con ellos los que me habían dado tantos barbados y bien barbados. De allí salimos y fuimos a casa de el capitán, donde se quedaron a comer el pápaz y la parentela; enviaron luego a las fragatas mucho vino y pan y carne guisada y frutas, de las que había en abundancia.

Sentámonos a comer, que había harto y bueno; sentáronme a la cabecera de mesa; no lo consentí, sino que se sentase el pápaz; sentáronse las mujeres del capitán y su hija, que era doncella y hermosa y bien ataviada; comióse y hubo muchos brindes, y acabada la comida dije que me quería ir a las fragatas; levantóse el pápaz con mucha gravedad y dijo: capitán Alonso, los hombres y mujeres desta tierra te han cerrado la puerta y quieren, rogándotelo, seas su caudillo y amparo, casándote con esta señora hija del capitán Jorge, el cual te dará toda su hacienda y nosotros la nuestra, y nos obligaremos a que el general de la mar te dé el cargo de capitán; que con un presente que le hagamos y pagalle el xarache acostumbrado, no habrá contradicción ninguna, y todos te seremos obedientes esclavos; y advierte que lo hemos jurado en la iglesia y que no puede ser menos; por Dios, que nos cumplas este deseo que tenemos muchos días ha. Yo respondí que era imposible hacer lo que me pedían, porque además de que había de tornar a Malta a dar cuenta de lo que se me había encomendado, era dar nota de mi persona y no dirían quedaba casado en tierra de cristianos y con cristiana, sino en Turquía, y renegado la fe que tanto estimo. Además, que aquella gente que traía quedaban en el riñón de Turquía y se podrían perder, y así sería yo causa de su perdición, perdiendo su libertad; y aunque les pareció mis razones fuertes, era tanto el deseo que tenían que dijeron me había de quedar allí; vístoles con tal resolución dije que fuese mi camarada a las fragatas y diese un tiento, a ver como lo tomaba mi gente, y conforme viera haría yo.

Bajó mi camarada y contó el caso, de que todos se espantaron; y si acá, arriba, me tenían amor, mucho más me tenían ellos; con lo cual comenzaron a armarse y sacaron una moyana de cada fragata y la pusieron en un molino de viento que estaba enfrente de la puerta, poco distante, y enviaron a decir con mi camarada que si no me dejaban salir que habían de entrar por fuerza y saquear la tierra; que ese era el mejor pago que daban de las buenas obras que siempre les había hecho; espantáronse de tal amor y dijeron que no estaban engañados en haberme querido por señor; que por lo menos les diese la palabra de que volvería en habiendo cumplido con mis obligaciones; yo se la di y quisieron diese la mano a la muchacha y besase la boca; yo lo hice de buena gana, y estoy cierto que si quisiera gozarla no hubiera dificultad. Dióme el pápaz tres alfombras harto buenas, y la muchacha dos pares de almohadas bien labradas y cuatro pañizuelos y dos berriolas labradas con seda y oro; enviaron gran refresco a las fragatas, y despedíme, que fue un día de juicio.

De Estampalia me fui a una isla que se llama Morgon, y allí despedí la fragata, con juramento que me hicieron de no tocar a ropa de cristianos, porque en aquellas tierras no se ha de andar más de con una fragata, y esa bien armada, y hermanada la gente y en un pie como grulla.

De Morgon me fui la vuelta de la isla de San Juan de Patmos donde escribió el Apocalipsis el santo evangelista, estando desterrado por el Emperador; y aquí está la cadena con que le trajeron preso.

En el camino topé con una barca de griegos que llevaba dentro dos turcos, el uno renegado, y era cómitre de la galera de Açan Mariolo; venía de casarse en una isla que se llama Sira; echéles sus manetas y despedí la barca; preguntéle si había junta de armada, como a persona que era fuerza el saberlo; dijo que no; con que seguí mi viaje, y tomando lengua en la ciudad de Patmos, hallé la misma nueva; aquí se toma cierta, porque hay un castillo que sirve de con vento y es muy rico; tienen tráfago de bajeles en todo Levante y traen las banderas como los bajeles de San Juan. Con esto me fui a una isla que está cerca quince millas, desierta, que se llama el Formacon, con pensamiento de hacer las partes de el damasco y dinero, que por esto era tan amado de mi gente que no aguardaba el hacer las partes en Malta.

Envié tres hombres a lo alto a que hiciesen la descubierta la vuelta de tierra firme y a la mar y que con lo que hubiese viniese uno abajo, y entre tanto mandé que se sacasen a tierra los cuarteles y el damasco. Estando en esto llegó uno de los de arriba y dijo: señor capitán, dos galeras vienen hacia la isla. Torné a mandar que metiesen el damasco y cuarteles dentro, y mandé hacer el coro a las velas y enjuncarla, y que estuviesen izadas. Luego bajaron los otros diciendo: señor, que somos esclavos. Mandé se sentase cada uno en su lugar, y zarpé el hierro y me estuve quedo: yo estaba en una cala. Las galeras no tenían noticia de mí por la navegación que traían, porque si la tuvieran, ciñeran la isla, que era chica, una por cada lado; y así me estuve quedo cuando asomó la una por la punta, a la vela: no me vio hasta que había pasado un buen rato; como vio la fragata, volvió sobre mí que estaba muy cerca; la otra galera hizo lo mismo, y amainaron de golpe con gran vocería. Vino a quedar mi popa con la proa de la galera; y el arraez o capitán, se puso con un alfanje encima de sus filaretes, no dejando entrar a nadie dentro, porque en su bulla no le trabucasen, y dando voces ¡da la palamara, canalla! La palamara, es un cabo que quería darme la galera para tenerme atado. Yo, como los vi tan embarazados, dije entre mí: o cien palos, o libertad; y cazando la escoba que tenía en la mano, hice vela y alarguéme de la galera. Icé la otra vela y la galera, como estaba la una y la otra embarazada con la vela en crujía, primero que hicieron iza, escurre, e hicieron vela tras de mí, ya yo estaba más de una milla de ellos. Comenzáronme a tomar el lado de la mar, y yo era fuerza que para salir pasase por debajo de su proa. Faltó el viento y diéronme caza ocho ampolletas, sin que me ganasen un palmo de mar. Tornó a venir el viento y icé la vela y ellos y todo; tiráronme de cañonazos con el artillería, y con una bala me llevaron o pasaron el estandarte de arriba del árbol y otra bala me quitó la forqueta de desarbolar, donde se pone el árbol y entenas. Cuando se desarboló la que está abajo, temí mucho no me echase a fondo y más que para alcanzarme usó de astucia marinera, y fue que cargaba toda la gente a la proa de la galera por ver la fragata y no la dejaba caminar, y haciendo retirada con tres bancadas hacia la proa, comenzó a resollar la galera y me iba acercando palmo a palmo. Yo, como me vi casi perdido, valíme de la industria; ellos me tenían gana da la mar y yo iba de la parte de tierra, que era fuerza embestir en ella o pasar por sus proas. En este paraje hay un islote cerca de tierra firme, que se llama el Xamoto; tiene un medio puerto, donde solemos estar cubiertos con las galeras de Malta para hacer alguna presa. Yo enderecé la fragata hacia allá e hice que subiese un marinero encima del árbol con una gabeta con pólvora, y que hiciese dos humadas, y que luego con un capote, llamase a la vuelta del islote. Las galeras que vieron esto, amainaron de golpe e hicieron el coro, volviendo a deshacer su camino con cuanta fuerza pudieron, pensando que estaban allí las galeras de Malta, con que en poco tiempo no nos vimos. Yo me fui a una isla que se llama Nacaria, donde estuve con buena guarda, porque es alta y descubre mucho, hasta otro día al anochecer, que me partí para la isla de Micono, donde topé una tartana francesa cargada de cueros de cabras, que venía de Jío. Dióme nueva, como el arraez, que me dio caza con las dos galeras, que se llamaba Solimán de Gatanea, jefer genovés, había estado a la muerte, de pesar de habérsele escapado una fragata debajo de la palamenta. Dije que yo era, y se espantó el patrón de la tartana y no acababa de decir, y avisóme que estaba de partencia para irme a buscar y aguardar a la salida del Archipiélago (sic). Con esto me resolví de hacer el viaje para Malta y aguardé una tramontana recia con que me hice a la vela y salí de estos cuidados. Llegué a Malta donde se espantaron del suceso, e hicimos las partes del dinero y damasco, sacando del monte mayor para un terno para la iglesia de Nuestra Señora de la Gracia, que se dio con mucho gusto, y así mismo se descuidó en que no había armada por aquel año.

De allí a pocos días me enviaron a corsear con dos fragatas; una del Maestre y otra del Comendador Monreal, mi amo antiguo, sin orden de tomar lengua.

Partí de Malta con las dos fragatas que parecían dos galeras, con treinta y siete personas en cada una. Engolfeme la vuelta de África y tomé el primer terreno en cabo de Bonandrea, 700 millas de golfo; costeé las salinas y fuime a Puerto Soliman a refrescar la aguada, donde quiso mi desgracia que pasaban a la Meca, donde está el cuerpo de Mahoma, gran cantidad de moros, los cuales me hicieron una emboscada alrededor de un pozo donde había de ir a hacer el agua, que todo es juncales altos alrededor; y como los moros andan desnudos y de su color, no los vio la gente. Iban veintisiete marineros con barriles y dieciséis soldados españoles con sus arcabuces, y estando sobre el pozo se descubrió la emboscada y dieron sobre la gente. Los marineros echaron a huir sin barriles y los soldados a pelear retirándose y al trueno de los arcabuces salí yo con otros veinte hombres a socorrerlos, que ya venían cerca de la marina, y visto el socorro se detuvieron. Cautiváronme tres soldados y matáronme cinco, que me hicieron falta. Nuestra gente cautivó dos, un viejo de sesenta años y otro poco menos. Alzamos bandera de paz y tratamos del rescate. Yo les daba sus dos por dos y el otro le rescataba. Dijeron que no, que todos tres; que los que yo tenía me los llevase. Dejámoslo, y tornáronme a llamar diciendo si quería los barriles llenos de agua, que qué les daría. Dije que ya no había menester agua sino los cristianos, y cierto que había menester más los barriles con el agua que la gente, porque no me había quedado vasijas en que meterla, sino dos carreteles y sino me los dan era fuerza perdernos; y como de burla dije: ¿qué quieres por cada barril lleno? Pidieron un cequí de oro y aunque se lo quisiéramos dar era imposible porque no habíamos hecho presa. Díjeles que no teníamos cequíes. Dijeron, pues danos bizcocho. Contenteme y diles por cada barril lleno de agua una rodela llena de bizcocho que no me hacía falta. Recogí todos mis veintisiete barriles y torné a rogallos me diesen los dos cristianos por los suyos. No quisieron y así traté de enterrar en la playa los muertos. Puse una cruz a cada uno. A la mañana los hallé encima de la arena, que me quedé espantado pensando los hubieran desenterrado algunos lobos. Pero cuando los vi me asombré, porque estaban sin narices y sin orejas y sacados los corazones. Pensé perder el juicio y arbolé bandera de paz y dije lo mal que lo habían hecho. Respondieron llevaban a Mahoma a presentarle aquellos despojos en señal de la merced que les había hecho. Yo con la cólera dije que había de hacerlo mismo de los dos que tenía. Dijeron que querían más 10 zequíes que treinta moros; y así delante de ellos les corté las orejas y narices y se las arrojé en tierra diciendo: ¡llevá también estas! y atándolos las espaldas con espalda me alargué a la mar y los arrojé a sus ojos y caminé la vuelta de Alejandría. No topé nada en esta costa y pasé a la ciudad de Damiata que es Egipto, y entré en río Nilo por si topaba algún bajel cargado. No topé nada. Atravesé la costa de Suria quo hay 130 millas. Llegué a las riberas de Jerusalén que están 24 millas de aquella santa ciudad. Entré en el puerto de Jafa y hallé unas barcas; huyóse la gente. De allí pasé a Castel Pelegrin en la misma costa: de allí a Caifás; en una punta de este puerto hay una ermita, un tiro de arcabuz de la mar, y menos, donde dicen reposó Nuestra Señora cuando iba huyendo a Egipto. Caminé adelante al puerto de San Juan de Acre y había dentro bajeles, pero eran grandes y hube de pasar adelante a la ciudad de Beruta; también pasé y llegué a la de Surras, que estas dos ciudades y puertos son de un poderoso que casi no reconoce al Gran Turco: llamase el Amí de Surras. Un hermano de este vino a Malta y fue festejado y regalado y tornado a enviar con grandes presentes que le hizo la Religión, y así somos hospedados los bajeles de Malta y regalados en sus puertos, que para si estos señores príncipes cristianos quisiesen emprender la jornada de Jerusalén, tan santa, hay lo más andado en tener estos puertos y por amigos estos que ponen treinta mil hombres en campaña y los más son a caballo.

Entré en el puerto de Surras y como vieron era de Malta me regaló el Gobernador, que no estaba allí el Amí, y me dio refresco.

Pasé la vuelta de Trípoli de Suria, gran ciudad; pero a la larga porque no saliesen dos galeras que hay allí. Fuime a la isla de la Tortosa que está en frente de la costa de Galilea, poco distante; es una isla chica y llana y florida todo el año. Dicen que estuvo en ella escondida Nuestra Señora y San Josef, de Herodes. Yo me remito a la verdad. Aquí despalmé mis fragatas y comimos muchos palominos, que hay infinitas palomas y tienen los nidos en unas que debieron ser antiguamente cisternas. En todas estas partes ya se deja entender que estaría siempre con buena guarda, la cual hizo señal que venía un bajel; fui a verlo y era caramuzal turquesco. Puse en orden mi gente y al emparejar con la isla les salí al encuentro. Peleó muy bien, que lo saben hacer los turcos, y al último le rendí con muerte de cuatro marineros míos y un soldado, y de ellos trece muertos; cogí vivos y heridos veintiocho y entre ellos un judío con toda la tienda de bujerías, que era tendero. Estaba cargado de jabón lindo de Chipre y algún lino. Hice que toda la gente de la otra fragata se metiese dentro y llevasen la fragata de remolco y se fuesen a Malta, porque para dos fragatas me faltaba mucha gente, y quedeme con la mía bien armada. De allí costeé a Alejandreta, donde estaban los almacenes que saquearnos, y de allí entré en la Caramania, costeándola hasta Rodas, en esta forma: de Alejandreta al Bayaso, de allí a Lengua de Bagaja y de allí a Escollo provenzal, Puerto Caballero, Estanamur, Satalia, Puerto genovés,

Puerto veneciano, cabo de Silidonia, la Finica. Aquí hay una fortaleza buena; Puerto Caracol, el Cacamo, Castilrojo, Siete cavas, Aguas frías, Lamagra, Rodas; y de allí me fui a la isla de Escarponto, de donde me engolfé para la isla de Candia; y en el golfo me dio una borrasca, que me hizo correr dos días y dos noches camino del Archipiélago y el primer terreno que topé fue una isla que se llama Jarhe, donde dicen estuvo uno de los cuerpos, San Cosme o San Damián. Diéronme los griegos refresco por mis dineros y en tomándolo me partí para la isla de Estampalia, donde me querían casar: entré en el puerto y bajó todo el lugar por mí, pensando venía a cumplir la palabra. No hubo medio de saltar en tierra, diciéndoles que quedaban las galeras de Malta, con quien había venido, en la isla de Pares, y que yo me había alargado a vellos y si habían menester algo. Sintiéronlo mucho y diéronme gran refresco y dijeron como después que me fui el viaje pasado, habían ido con una barca, por el capitán Jacomo Panaro a la isla, y le habían traído y regalado hasta que llegó una tartana francesa que venía de Alejandría y se lo habían dado para que lo llevasen a tierra de cristianos, habiéndola dado buen refresco y diez zequíes para su camino. Yo me despedí dellos y me fui mi viaje y en el golfillo de Nápoles de Romanía topé con un caramuzal cargado de trigo con siete turcos y seis griegos.

Los griegos juraban que el trigo era suyo y con el tormento confesaron era de turcos. Eché los griegos en tierra y caminé con el caramuzal a brazo de Mayna, que hay poco camino. Este brazo de Mayna es un distrito de tierra que está en la Morea, asperísimo, y la gente de ella son cristianos griegos: no tienen habitación ninguna, sino son en grutas y cuevas, y son grandes ladrones; no tienen superior electo, sino el que es más valiente a ese obedecen, y aunque son cristianos jamás me parece hacen obras de ello. No ha sido posible el sujetallos los turcos, con estar en el centro de su tierra, antes a ellos es a quien hurtan los ganados y se los venden a otros. Son grandes hombres del arco y las flechas. Yo vi un día que apostó uno a quitalle una naranja de la cabeza a un hijo suyo con una flecha a veinte pasos y lo hizo con tanta facilidad que me espantó. Usan unas adargas como broqueles, pero no son redondas, y espadas anchas y de cinco palmos y más. Son grandes corredores y se bautizan cuatro y cinco veces y más, porque los compadres tienen obligación de presentalles algo; y así siempre que pasaba por allí bautizaba algunos.

Llegué al puerto de Quoalla, que este es su nombre, con mi caramuzal de trigo: luego vino mi compadre, que se llamaba Antonaque y era el capitán de aquella gente, con su aljuba de paño fino y sus cuchillos damasquinos con cadenas de plata y su alfanje con guarnición de plata. En entrando en la fragata, luego me besó. Mandé nos diesen a beber, como era costumbre; díjele como traía aquel caramuzal de trigo, que si me le quería comprar. Dijo que sí, y concertámosle en ochocientos zequíes, con bajel y todo, que él solo valía más. Dijo que por la mañana traería el dinero, que se había de recoger, y a medianoche me cortaron los cabos con que estaba dado fondo y lo llevaron a tierra. Cuando echamos de ver el daño no tenía ya remedio, porque estaba ya encallado el bajel. Amaneció y ya no había casi trigo dentro, que tan buenos trabajadores eran. Vino luego mí compadre con otros dos, excusándose que él no había tenido culpa, que ya yo conocía la gente. Yo hice que no se me daba nada y mandé nos diesen de almorzar, y estando almorzando hice levantar el ferro y salir fuera con mi fragata. Dijo, compadre, échame en tierra. Dije luego compadre, que voy a hacer la descubierta; y estando fuera, dije: compadre, fuera ropa, que es decir se desnudase. Él dijo que era traición. Dije: mayor es la que vos habéis hecho; pocas palabras y fuera ropa, y agradeced que no os ahorco de aquella entena. Desnudose en carnes y tendiéronlo, agarrado de cuatro buenos mozos, y le dieron con un cabo embreado más de cien palos, y luego le hice lavar con vinagre y sal, a usanza de galera, diciendo: envía por los 800 zequíes o sino he de ahorcarte. Vio que iba de veras y envió uno de los que traía, echándose a nado, que no quise llegar a tierra. Trájolos en una hora y menos, en un pellejo de un cabrito, con lo cual se fueron a nado, que son bravos nadadores; y desde este día me llamaban, en Malta y el Archipiélago, el compadre de Brazo de Mayna.

Salí de allí, la vuelta de la Sapiencia, y de allí me engolfé para Malta, donde llegué en cinco días, y se holgaron con mi venida.

Habían vendido el jabón y los esclavos que envié con el caramuzal y la otra fragata. Hicieron las partes, tocóme buen por qué, con que la quiraca pasaba adelante con su fábrica de la casa. Entró también en parte los 800 zequíes y los siete esclavos que entraba yo. Holgámonos unos días, que no fueron muchos, porque luego me tocaron arma, mandándome despalmar la fragata sin saber para dónde. Es a saber, hubo nuevas que el Turco armaba una gruesa armada y no sabían para dónde, con que estaban con cuidado en Malta, y usaron de su buen juicio para salir de este cuidado en esta forma.

Cuando el Gran Turco apresta una armada para fuera de sus tierras, los judíos le proveen con una cantidad gratis, y cundo es la armada dentro de sus tierras hacen lo mismo; pero diferente cantidad. El recogedor del distrito de la Caramania y Constantinopla está en Salónique, y éste tal sabíamos que estaba en una casa fuerte, cinco millas de la ciudad, con su casa; y los señores me dieron orden fuese por él, como si fuera ir a la plaza por unas peras. Diéronme una espía y un petardo o hice mi partencia en nombre de Dios. Llegué al golfo de Salónique, no con poco trabajo, que está en el riñón de la Turquía, pasado el Archipiélago, que también toma parte dél. Salté en tierra con dieciséis hombres y mi petardo y la espía, que me temí harto dél. Llegamos a la casa, que estaba como una milla de la marina y menos, púsose el petardo, hizo su efecto; entramos y cogimos al judío, su mujer y dos hijas pequeñas y un criadillo y una vieja, que los hombres se huyeron. Cargué con ellos al punto sin dejallos tomar ni una aljuba y sin que saquease la gente un trapo, y caminé a la marina, donde por mucha prisa que me di, tenía, embarcándome, más de 400 caballos el agua a los pechos alanceándome; pero no hicieron nada, que estábamos ya dentro de la fragata. Comenzaron a dar carreras por aquella campaña, y yo saludándolos con mi moyana, que echaba cinco libras de bala. Ofrecíame el judío todo lo que yo quisiere porque lo dejase con toda seguridad, y aunque pude no me atreví, porque luego me dijo para dónde era la armada, que era contra los venecianos, y pedíanlos un millón de zequíes o que les tomaría a Candía, que es una isla tan grande como Sicilia de longitud, y está en tierras del Turco y sus mares. Consoléle diciendo que venía a Malta. Viniendo mi viaje topé con una barca de griegos, y preguntando de dónde venían, dijeron de los Despalmadores del Xio. Pregunté si había algunas galeras, dijeron que no y que se había partido Solimán de Catania, Bay de Xío, con su galera Bastarda, y que había dejado a su mujer allí en una recreación. Dijo mi piloto, ¡juro a Dios, que la hemos de llevar a Malta! que sé su casa como la mía; y pues se ha ido anoche Solimán con la Bastarda, estarán descuidados.

Yo no me atrevía por llevar lo que llevaba. Animóme tanto y asegurómelo, que fue menos de lo que decía. Aguardamos la noche y a la media en punto desembarcamos con diez hombres y el piloto se fue como a su casa y llamó, y habló de Solimán como que venía de Jío, y abrieron; entramos dentro y sin ninguna resistencia cogimos la turca renegada, húngara de nación, la más hermosa que vi. Cogimos dos putillos y un renegado y dos cristianos esclavos, de nación corso el uno y el otro albanés. Cogimos la cama y ropa sin haber quien dijese nada; embarcámonos y caminamos a más no poder hasta salir del Archipiélago, que Dios nos dio buen tiempo. La húngara no era mujer, sino amiga. Regaléla con extremo, que lo merecía, aunque en rebeldía supe que Solimán de Catania había jurado que me había de buscar y en cogiéndome había de hacer a seis negros que se holgasen con mis asentaderas, pareciéndole que yo me había amancebado con su amiga, y luego me había de empalar. No hubo tanta dicha en cogerme, aunque me hizo retratar y poner en diferentes partes de Levante y Berbería para que si me cogiesen le avisasen estos retratos. Supe los habían llevado de Malta cuando llevaron la húngara y los putillos rescatados, que fue el segundo año, siendo proveído por rey de Argel.

Capítulo VI. En que se cuenta cómo salí de Malta y fui
a España, donde fui alférez

Yo llegué a Malta, donde fui recibido como se deja considerar, que con cal aviso se quietó todo y dejaron de traer la infantería que habían enviado a hacer a Nápoles y a Roma, italiana, que la española va de Sicilia en semejantes ocasiones.

Peor le sucedió a mi piloto, que le cogieron dentro de cuatro meses, yendo en corso en una tartana, y le desollaron vivo y hincharon su pellejo de paja, que hoy está sobre la puerta de Rodas; era griego, natural de Rodas, y el más práctico en aquellas tierras de cuantos pilotos hubo.

A estos tiempos que estaba gastando mi hacienda, que tanto me costaba el buscarla, topé la quiraca con una camarada mía, encerrados, a quien estaba haciendo tanto bien; dile dos estocadas de que estuvo a la muerte, y en sanando se fue de Malta de tensor no le matase, y la quiraca se huyó; aunque me echaron mil rogadores y rogadoras jamás volví con ella, que como había en club escoger, presto se remedio, y más que era yo pretendido cuido los oficios de importancia.

Estuve muchos días de asiento y aun meses en Malta, que fue milagro, hasta que me enviaron a Berbería con una fragata, y en nueve días fui y vine y traje un garbo cargado de lienzo, que hinché casi un almacén, y catorce esclavos; valióme bien esta presa, y cuando dentro de pocos días llegó al puerto un galeón catalán que venía de Alejandría cargado de ricas mercadurías para España, acordándome de mi tierra y madre, a quien jamás había escrito ni sabía de mí, resolví de pedir licencia al Gran Maestre, que me la dio de mala gana, su rostro con el mío al despedir.

Libro segundo. En que se da cuenta de mi venida a España y peregrinos sucesos que me sucedieron

Embarquéme en el galeón, que se llamaba San Juan, y en seis días llegamos a Barcelona; supe que la Corte estaba en Valladolid, y sin ir a Madrid pasé a la Corte, donde había sabido una elección de capitanes; presenté mis papelillos en Consejo de Guerra, donde era uno de los Consejeros el señor don Diego Brochero, que después fue Gran Prior de Castilla y León.

Cobróme voluntad, aunque tenía noticia de mí, y díjome si quería ser alférez de una de las compañías que se habían de levantar luego; dije que sí, y a otro día que fui a verle me dijo fuese a besar las manos al capitán don Pedro Xaraba del Castillo por, la merced que me había hecho de darme su bandera.

Di mi memorial en el Consejo de Guerra pidiendo me aprobasen, y en consideración de mis pocos servicios fui aprobado.

Recibí dos tambores, hice una honrada bandera, compré cajas, y mi capitán me dio los despachos y poder para que arbolase la bandera en la ciudad de Écija y marquesado de Pliego; tomé mulas, y con el sargento y mis dos tambores y un criado mío, tomamos el camino de Madrid, a donde llegamos en cuatro días.

Fuíme a apear en casa de mi madre, que había estado dieciséis años sin saber de mí, y más cuando ella vio tantas mulas se espantó, y yo me hinqué de rodillas pidiéndola su bendición y diciéndola que yo era su hijo Alonsillo. Espantóse la pobre y estuvo confusa, porque se había casado segunda vez, y parecióle que un hijo grande y soldado no lo había de llevar bien, como si el casarse fuera delito, aunque en ella lo era por tener tantos hijos; animéla y despedíme, yéndome a una posada, que en su casa no la había, y aun para ella y su marido era tasada.

A otro día me puse muy galán. A los soldados con buenas galas que los llevaba y con mi criado detrás con el venablo, fui a verla y a visitar su marido; quisieron comiese allí aquel día, ¡sabe Dios si tenían para ellos!, y así envié bastantemente lo que era menester para la comida; que sobre ella llamé mis hermanicas, que eran dos, y las di algunas niñerías que traía destas partes, y ansí mismo para que las hiciesen de vestir, y a los otros tres hermanillos; para todos di, que no me faltaba. Di a mi madre 30 escudos, que le pareció estaba rica; con que la pedí la bendición, y a otro día me partí para Écija, encomendándola el respeto al nuevo padre.

Llegué a Écija; túvose ayuntamiento; presenté la patente; salió que se me señalase la Torre de Palma en que arbolase la bandera.

Toqué mis cajas; eché los bandos ordinarios; comencé a alistar soldados con mucha quietud, que el Corregidor y caballeros me hacían mucha merced por ello.

Es costumbre haber juego en las banderas; y tenía cuenta del barato un tamborcillo; echábalo en una alcancía de barro, y a la noche la quebraba y sacaba lo que había caído, con que comíamos.

Un día entraron en el cuerpo de guardia, que era una sala baja de la torre, con una reja a la calle, y entraron cuatro valientes que ya habían entrado otras veces allí, y rompieron la alcancía, y se pusieron a contar despacio lo que había dentro, que eran 27 reales; metióselos uno en la faltriquera diciendo al tamborcillo: dígale al alférez que estos dineros habíamos menester unos amigos; con lo cual el tamborcillo llamó al cabo de escuadra, y cuando vino ya se habían ido; topóme el tamborcillo, que venía a darme cuenta de todo, como lo hizo; mandéle que se fuese al cuerpo de guardia y que allí me lo contase como había pasado; el tamborcillo lo hizo, y entrando yo me dijo: Señor, aquí ha venido Acuña y Amador y otros camaradas, y rompieron el alcancía y sacaron 27 reales, diciendo que dijese al alférez que lo habían menester unos amigos; yo dije luego: ¡pícaro! ¿pues qué importa que esos señores lo llevasen?; todas las veces que vinieran daldes lo que pidieren como si fuera para mí, que pues lo toman menester lo han. Cuando dije esto había muchos amigos suyos delante que fueron a contárselo luego, y supe que habían dicho: el alferecillo probete, ¿cuál es? Comencé a imaginar cómo castigar tal desvergüenza, hecha en una bandera. Compré cuatro arcabuces que puse en el cuerpo de guardia, además de doce medias picas que tenía, y dejé pasar algunos días, con que se aseguraron y entraban en el cuerpo de guardia; yo tenía más de 120 soldados, aunque los 100 estaban alojados en el marquesado de Pliego, y conmigo tenía veinte, gente vieja a quien socorría; y un día que estaban en el cuerpo de guardia muy descuidados hice encender cuerdas y que tomasen los arcabuces y se entrasen tras mí.

Para esto llamé la gente más alentada y diles orden que tirasen si se defendiesen, y a la puerta quedó la demás gente con sus medias picas; tomé mi venablo, y entrando en la sala, dije: él, y él, y él, nombrando seis de ellos, que son muy grandes ladrones, desármense; pensaron era de burlas, y como vieron las veras, comenzaron a querer meter mano a las espadas; pero los arcabuceros entraron con sus cuerdas caladas, diciendo: acaben; con que se fueron desarmando; y habiéndolo hecho, los fui desnudando en camisa, y atraillados con toda la guarda los llevé y entregué al Corregidor, que era don Fabián de Monroy, que cuando vio los ladrones daba saltos de contento diciendo: este me mató un perro de ayuda y este me mató un criado. Lleváronlos a la cárcel, y de allí a trece días ahorcó los dos, sin que bastase cuanta nobleza había en aquella ciudad, que hay mucha.

A mí me quedaron las capas y espadas y coletos, muy buenos jubones y medias y ligas, sombreros y dos jubones agujeteados famosos y algún dinerillo que tenían encima, con que socorrí y vestí algunos pobres soldados; esta fue la paga de mis 27 reales.

Luego supe cómo en son de pedir limosna andaban unos soldados, que no lo eran, por los cortijos, robando en campaña; tomé mis cuatro arcabuceros y una gentil mula y fui a buscarlos; tuve noticia estaban en Córdoba; fui allá, donde se levantaba otra compañía del capitán Molina, apeéme en el mesón de las Rejas y fuime solo a la casa pública por ver si los topaba conforme las señas, y por ver aquella casa; estando hablando con una de las muchas que había, llegó a mí un gentilhombre sin vara, con un criado, y dijo: ¿cómo trae ese coleto? que era de ante; dije: puesto; dijo: pues quítesele; respondí: no quiero; el criado dijo: pues yo se lo quitaré; iba a ponerlo por obra; fue fuerza sacar la espada, que ellos no fueron perezosos a hacerlo, pero yo fui más pronto, pues herí malamente al alguacil mayor, con que todas las mujeres cerraron las puertas, y la de la calle también. Quedéme dueño de la calle, que era angostísima, y no sabiendo qué hacerme, porque era la primera vez que entraba en semejantes casas, fuime hacia la puerta de la calle, que estaba cerrada con golpe, y aún no hallaba a quien preguntar, porque al herido lo llevaron dentro o se fue, que debía de saber la casa, y casi luego oí dar golpes a la puerta, que se halló un picarillo a abrilla con tanta diligencia, que no supo de dónde había salido; entró de golpe el Corregidor con tanta gente como se deja entender, y queriendo arremeter conmigo, dije: repórtese Vmd., con la espada en la mano; y entonces lo mismo era que hubiera mil que uno, porque no cabían más en la calle, dando voces, ¡prendedle!; nadie lo quería hacer, y cierto que hubiera una desdicha si no viniera con el Corregidor el capitán Molina, que me conoció y dijo: repórtese Vmd. señor alférez. Como le oí hablar, conocíle y dije: haga Vmd. que esos señores lo hagan, que por mí aquí estoy. El Corregidor, como oyó nombrar alférez, dijo: ¿de quién es alférez?; dijo Molina: de la compañía que se levanta en Ecija; respondió el Corregidor: ¿y es bueno que venga a matar aquí la justicia?; yo le dije todo lo que había pasado; mandóme me fuese a Ecija; luego dije que si haría, que había venido en busca de unos soldados que eran ladrones, con que nos despedimos y se fue con el capitán y su gente; yo me volví al mesón para tratar de mi viaje, cuando me dijo uno de mis cuatro soldados: aquí buscan a Vmd. dos hidalgos; salí y dije: ¿qué mandan Vmds.?; respondió el uno: ¿es vuesa merced el alférez?; dije que sí; ¿qué quiere?; y con los dedos abiertos, frotándose el bigote, comenzó: los hombres de bien como voancé, es justo los conocer como es para servillos; aquí nos envía una mujer de bien que su hombre se lo ahorcaron en Granada por testigos falsos; ha quedado viuda, y está desempeñada y no mal fardada; hale parecido vuesa merced bien, y le ruega vaya a cenar ésta noche con ella. Para mí todo lo que me dijo era latín, que no entendía aquellos términos ni lenguaje. Díjeles: suplico a Vmds. me digan qué ha visto esa señora en mí que me quiere hacer merced; respondió: ¿es poco haber voancé reñido como un jayán hoy, y herido a un alguacil, el mayor ladrón que hay en Córdoba? Entonces eché de ver que era mujer de la casa; con que les dije que yo estimaba la merced, pero que estaba en vísperas de ser capitán y me podía atrasar en mis pretensiones, que me holgara de no tenellas para hacer lo que me pedían; con lo cual los despedí y me fui a poner caballo; amanecí en Ecija; fuime a mi cuerpo de guardia; hallé mi gente sosegada, sin que hubiese habido desórdenes, de que no me holgué poco.

De allí a tres días vino un soldado y dijo: señor alférez, en el mesón del Sol está una mujer que busca a Vmd., y ha venido de fuera; no tiene mal parecer; fui allá, que era mozo, y vi la mujer, que la tenía el huésped en su aposento; no me pareció mala la moza, y comenzando a tratar de dónde venía, dijo que de Granada huyendo de su marido, y que se quería amparar de mí sin que la viese nadie. A mí me había parecido bien; trújela a mi casa, regaléla teniéndola escondida, y prometo que estaba casi enamorado, cuando un día me dijo: señor, quisiera descubrirle un secreto y no me atrevo; apretéla rogándoselo me lo dijese, y tomándome la palabra que no me enojaría, comenzó: señor, yo vi a Vmd. un día tan bizarro y alentado en la casa de Córdoba cuando desenfadado hirió aquel ladrón de alguacil, que me obligó a venirme tras Vmd., viendo que no quiso aquella noche cenar conmigo habiéndoselo enviado a suplicar con unos hombres de bien; y aunque después de haber quedado sola por haber ahorcado en Granada a un hombre que tenía, he sido requerida de muchos de fama, me pareció no podía ocupar mi lado ninguno mejor que Vmd., representándome que en toda la Andalucía no había mujer de mejor ganancia, como lo diría el padre de la casa de Ecija; quedéme absorto cuando la oí, y como la quería bien no me pareció mal nada de lo que dijo; antes me pareció que había hecho fineza grande por mí en venirme a buscar y solicitar; vino el comisario a tomar muestra y socorrer la compañía para que marchásemos; recogí la gente que tenía en el marquesado de Pliego, y en toda di de muestra

193 soldados; marchamos la vuelta de Extremadura para ir a Lisboa con mucho gusto.

Yo llevaba mi moza con más autoridad que si fuera hija de un señor, y cierto que quien no sabía que había estado en la casa pública le obligaba a respeto, porque era moza y hermosa y no boba.

Capítulo VII. En que se sigue los sucesos de Alférez Alcanzonos mi capitán que desde la Corte había ido a su tierra y se había detenido hasta entonces, pues supo cómo marchaba la infantería; hallonos en Llerena y holgó de ver tan buena compañía y dijo que se espantaba hubiese sabido gobernar gente bisoña; quedamos muy amigos además, que yo le sabía granjear. Segunda jornada. Vino orden nos entretuviésemos en Extremadura sin entrar en Portugal, conque la aramos de barra a barra. Llegamos a una tierra que se llama Hornachos que toda era entonces de moriscos, fuera del Cura, y estando alojado en casa de uno de ellos, donde tenía mi bandera y cuerpo de guardia, llegó un soldado que se llamaba Vilches y me dijo: señor Alférez, yo he hallado una trobadura; díjele ¿cómo? respondió: yo estoy alojado en una casa que no ha habido medio a darme de cenar, porque dice que no tiene más de arrope y higos; y buscando por la casa si había gallinas, entré en un aposento que estaba a lo último de la casa donde había un tapador en el suelo, redondo como silo; escarbé y hallé que era postizo, levantele y estaba escuro abajo y pensando habría allí las gallinas escondidas encendí una candelilla que llevaba en la bolsa y bajé, que había una escalera de mano; cuando me vi abajo me arrepentí, porque arrimados a las paredes había tres sepulcros muy blancos y la bóveda también blanca; sospecho que están enterrados allí algunos de estos moros: si vdm. quiere que vamos no puede dejar de si son entierros que no tengan joyas, que estos se entierran con ellas; yo dije, vamos; y tomando mi venablo nos fuimos los dos solos y entramos en la casa y pedimos una vela; la huéspeda, afligida viéndome en su casa, nos la dio, que no estaba el huésped en ella, bajamos al silo y como yo vi los sepulcros juzgué lo que el soldado, y con la punta del venablo comencé a hurgar y en un punto se despegó la tabla que estaba debajo de la cal y era una caja grande hecha aposta de madera y por fuera estaba de cal, que parecía sepulcro; estaba lleno de arcabuces y bolsas con balas, de que recibí gran consuelo y contento por parecerme que de aquellas armas armarían mi compañía y nos tendrían más respeto por donde pasábamos, porque como íbamos con espadicas solas y alguno sin ellas, en muchos lugares nos perdían el respeto. Abrilos todos y eran lo mismo; díjele al soldado: vmd. se quede aquí hasta que dé cuenta al Comisario; y así lo hice, porque fui al punto y se lo dije; él se vino conmigo con su alguacil y secretario y viendo los sepulcros me dijo a mí y al soldado: vmd ha hecho un gran servicio al rey; váyase a su casa y no le salga de la boca esto, porque importa, y al soldado lo mismo. Fuímonos a mi casa y dijo el soldado: señor que es mi posada esta y no he cenado; dile ocho reales para que se fuese al mesón, con que el soldado fue más contento que la Pascua. Yo quise dar cuenta a mi capitán pero no quise: lo uno porque me había encargado el secreto y lo otro porque no estaba bien con él, porque andaba solicitándome la moza.

A la mañana, muy de mañana, me envió un recado el capitán con las cajas que habíamos de marchar, que me espanté, porque habíamos de estar allí tres días; hícelo y marchamos y estando de partencia me dijo el Comisario: vaya vmd con Dios, que a fe sino tuvieran una cédula Real para poder tener armas ofensivas y defensivas que no había sido malo el lance; pero con todo, vmd. no diga nada.

Partimos a un lugar que se llama Palomas y estuvimos dos días y luego partimos a otro que llaman Guareña, donde tuvieron los soldados con la gente de la tierra una reñida pendencia que hubo tres muertos y heridos de una y otra parte, y en la pendencia decían los soldados a voces: ¡Cuerpo de Cristo! no estuviéramos armados de las armas de Hornachos; que el soldado lo había ya dicho a sus camaradas y aun yo lo dije más de cuatro veces.

Apaciguóse la pendencia y fuimonos de allí, donde llegó el Comisario a castigarlos, dentro de pocos días; el Comisario era un capitán del número; no se dice su nombre por algún respeto y en el discurso de este libro hallarán la polvareda que levantó estos sepulcros de armas, que queda hasta que le toque su vez.

Mi capitán deseaba holgarse con la mujer que yo llevaba, y aunque se lo había hecho saber con recados a la mujer no pudo conseguir nada, que tan buena se había hecho siendo tan mala; y llegando a un lugar que se llama el Almendralejo, después de alojada la compañía, que era casi noche, cené y mandé acostar la mujer, que iba preñada en tres meses; enviome a llamar el capitán y dijo: vdm. tome ocho soldados y vaya al camino de Alange y estése emboscado, porque por ese camino se han de huir esta noche cuatro soldados, que lo sé cierto por aviso que me han dado; yo lo creí, y mandando ensillar una jaca que tenía, me partí, dejando acostada la mujer; y sabiendo el capitán que yo era partido se vino a mi posada y entró a visitar a la Isabel de Rojas, que así se llamaba, y de lance en lance quiso echarse con ella; la mujer se resistió tanto que la obligó a dar voces y el capitán como vio esto arrebató de un mallo que tenía en el aposento, que yo me deleitaba de jugar al mallo, y la dio tantos palos que fue menester entrar la guarda y el huésped a quitársela; fue de suerte que luego quebró en sangre y malparió dentro de tres horas. Yo descuidado en el campo, aguardando los que se huían, vi que ya no había dos horas hasta el día y dije: Señores, vámonos, que basta la burla si es que me la ha hecho el capitán, porque si se habían de huir había de ser a prima noche. Llegué a mi casa y entrando en el aposento hallé quejándose a Isabel; pregunté que tenía y díjome que aquella tarde había caído del pollino y que había quebrado en sangre y aun malparido. A esto vi que andaban algunos soldados hablándose al oído y diome alguna sospecha: apreté a la mujer y dije me dijera la causa; no fue posible, sino lo dicho; salí acá fuera y llamé un soldado de quien me fiaba y preguntéle si había habido algo; respondió: señor, tan gran bellaquería no es posible que se calle; aquí llegó el capitán y ha puesto a la señora Isabel como está, por ser mujer de bien; y ¡voto a Dios! que yo ni mis camaradas no hemos de estar mañana a estas horas en la compañía, que a él no le conocemos; que vmd. nos sacó de nuestras casas. Díjele: vmd. se reporte, que si el capitán ha hecho algo, Isabel le debió de dar ocasión. No, ¡voto a Dios!, sino porque no se quiso echar con él.

Con esto mandé echasen cebada a la jaca y compuse un portamanteo con un poco de dinero y mis papeles y fuime en casa del capitán, que ya amanecía y llamé a la puerta; respondiome un criado flamenco que se llamaba Claudio. Díjome que su amo dormía, que no le podía despertar. Dije que había un correo de Madrid, con que avisó a su amo y dijo que aguardasen. Vistióse, no del todo, y mandó que entrase; entré y empuñando la espada le dije que era ruin caballero en lo que había hecho y que le había de matar. El metió mano a una espada y broquel; pero como la razón tiene gran fuerza le di una estocada en el pecho que di con él en tierra. Dijo: ¡ay, que me ha muerto! El criado quiso ayudar; pero no le valió, que al salir llevó un trasquilón en la cabeza. Tomé mi jaca y fuime camino de Cáceres, donde tenía unos amigos caballeros del hábito de San Juan y contéles el caso.

Avisaron luego al comisario, que vino volando, y supe había hecho información contra mí, y en virtud de ella me condenó a cortar la cabeza por el haber ido a matar a mi capitán a su casa; que es el mayor delito que hay en la milicia el perder el respeto a los superiores. Envió la información a Madrid y toda estaba en mi favor sino es el haber perdido la obediencia al capitán, el cual sanó de su herida, aunque pasó gran riesgo de la vida.

Escribí al señor don Diego Brochero y mandóme que me presentase en la Corte, que él lo acabaría. Hícelo aconsejado de aquellos caballeros.

La mujer, después de convaleciente, la dio el concejo del Almendralejo con que fuese de allí a Badajoz, que desde allí sabría lo que había de hacer, porque no supo de mí en muchos días, donde abrió tienda en casa de su padre y madre que no es de las peores casas de Extremadura.

Yo llegué a Madrid y fui en casa del señor don Diego Brochero, el cual había visto la información en el Consejo de Guerra y había hallado a todos los consejeros de mi parte. Mandó me presentase en la cárcel de la villa y que desde allí diese un memorial al Consejo, como estaba preso a orden del Consejo; que suplicaba mandasen ver la información, y que lo que había hecho con el capitán no era por cosas tocantes al servicio del rey. Estimaron mucho esta acción, haciendo que me presentase preso y luego diese memorial. Diéronme un despacho para el señor don Cristóbal de Mora que era virrey o capitán general de Portugal, porque no supe lo que era, aunque el señor don Diego Brochero me dijo que fuese contento, que buen despacho llevaba, y a fe que iba con harto miedo.

Las compañías estaban de espacio en Extremadura. Yo fui por algunos lugares donde había pasado y me hicieron mucha merced, porque siempre procuré hacer bien y no mal. Llegué al Almendralejo y hablé a los Alcaldes y me regalaron. Díjeles como llevaba aquella orden del rey y pregunté por Isabel. Dijeron que la habían enviado a Badajoz, donde ella quiso ir después de convaleciente, y que les había pesado de lo que había sucedido; que a otro día no había quedado la mitad de los soldados porque se fueron todos; después supieron como no tenía veinte soldados de más de 150, y fue verdad que no entró en Lisboa con más de catorce soldados y un atambor.

Despedime de los Alcaldes y fui a Badajoz, que todavía me duraba el amor. Topé a Isabel ganando en la casa pública, y cuando me vio entrar en ella al punto se levantó y cerró la puerta y me dijo: ¡Ah, señor galán! suplico a vmd. una palabra. Llevóme en casa del padre y comenzó a llorar. Dije ¿por qué llora?; dijo: porque he tenido dicha de ver a vmd., y aunque estoy aquí no he dormido con hombre después que faltó vmd.; saltó la madre y dijo: y como que soy buen testigo de eso y que me han regalado más de cuatro caballeros de la ciudad porque se la diese a alguno, lo cual no he podido alcanzar con Isabel; pero es cierto que ha tenido razón en guardar respeto a un mozo como vmd. Beso a vmd. las manos, señora, por el favor, dije yo; y tratando con Isabel de nuestros negocios me dijo que tenía seiscientos reales y buena ropa, ¿qué quería que hiciésemos? Dije que irnos a Lisboa; quedamos de acuerdo el hacerlo. Yo me fui aquella noche a una posada y ella se vino a dormir y cenar conmigo. Algunos que la pretendían quisieron darnos mala noche, porque trajeron al Corregidor a la posada, diciendo era yo el mayor rufián que había en España; en suma, llegó al mejor sueño, y como los hombres parecen diferente desnudos que vestidos comenzó a tratarme como a un rufián y para llevarme a la cárcel. Era necesario vestirme; después que lo hube hecho, le dije: señor Corregidor mientras no conoce vmd. a las personas no las agravia y díjele quien era, que ya me conocía por lo sucedido en el Almendralejo y como aquella era la mujer por quien había sucedido lo del capitán y como llevaba aquella orden del Consejo. Holgóse mucho de oírme y conocerme; pidiome perdón diciendo le habían dicho que era el mayor rufián de España. Rogóme que me quedase en mi posada y que me fuese a Lisboa lo más presto que pudiese, que si había menester algo me lo daría. Yo se lo agradecí, con que se fue y yo me torné a acostar. Estuve dos días en aquella ciudad, que me miraban como toro, no dejando volver a Isabel a la casa, donde la trujo el padre su ropa, con harto pesar que se le iba tal hija. Fuimos a Lisboa con mucho gusto, estuvimos más de veinte días sin que viniesen las compañías y al cabo de ellos llegó la mía con otras cuatro y antes que desembarcasen fui a dar el despacho al señor don Cristóbal de Mora que me hizo mucha merced y dijo: vaya a los barcos y entre con su compañía. Dije que el capitán podría hacer alguna cosa por no nos haber visto desde que le herí. Mandó a un ayudante que le llevase un recado, hízolo y dijo que quería hablar al general. Fue y díjole que tuviese paciencia, que lo mandaba el rey; pero que presto se acabaría el estar yo con él. Desembarcamos la bandera que se había embarcado en Alcántara y marchamos al castillo, donde nos tomaron muestra y en ella reformaron mi compañía, con lo cual quedamos apartados el capitán y yo.

Dióme licencia el señor don Cristóbal de Mora para la Corte y una paga, con que me fui con Dios luego y llegué a Valladolid, donde me dieron ocho estados de ventaja para Sicilia y me fui a servir, trayendo a Isabel conmigo hasta Valladolid, donde murió en su oficio. ¡Dios la haya perdonado!

Víreme a Madrid, vi a mi madre y pedíla su bendición, y con ella me partí para Barcelona y allí me embarqué en un bajel cargado de paños, y llegué a Palermo en diez días.

Gobernaba el señor duque de Feria el año de 1604 aquel reino. Senté mi ventaja en la compañía del capitán don Alonso Sánchez de Figueroa.

Quiso el duque armar unos galeones para enviar en corso, y sabiendo que yo era práctico, me rogó quisiese capitaneallos. Hícelo y partí para Levante, donde le traje una jerma cargada del bien del mundo de lo que se carga en Alejandría y mas otro galeoncillo inglés que había tres años que andaba hurtando, en el cual había hartas cosas curiosas. Lo que hubo en el discurso de este viaje dejo por no enfadar con más cosas de Levante. Con lo que me tocó de esta presa me encabalgué, que estaba sobrado. Mudé la plaza a la compañía del señor Marqués de Villalba, hijo primogénito del duque.

Capítulo VIII. En que se cuenta la pérdida del señor
Adelantado de Castilla en la Mahometa, donde yo
estuve

Ordenóse una jornada para Berbería en las galeras de Sicilia y Malta, cuatro de Malta y seis de Sicilia, a cargo del Adelantado de Castilla, que era un general de aquella escuadra y le costó la vida en esta forma. Partimos para Berbería diez galeras, como tengo dicho y a las de Sicilia mandó el Adelantado que dejásemos las cajas de los coseletes en Mesina por ir más ligeros. Llegamos a una isla que está ocho millas de tierra firme de Berbería, llámase el Címbano, donde se hizo Consejo de Guerra y salió resuelto echásemos gente en tierra en una ciudad que se llama la Mahometa, que los años atrás habíamos tomado con las galeras de Malta. Llegamos a dos leguas de la ciudad, víspera de Nuestra Señora de agosto, 1605, al amanecer; echamos la gente en tierra para ir marchando por unos arenales que hay hasta la ciudad, donde llegamos el Sol salido mas de una hora a buena vista. Fui uno de los alféreces reformados que llevaba las escalas acuestas que eran siete; hízose un escuadrón de 500 hombres, todos españoles, con chuzos y arcabuces, pero sin coseletes. Arrimamos las escalas con el valor que semejante gente tiene, españoles y caballeros de Malta, y por las escalas subimos, cayendo unos y subiendo otros; en suma se ganó la muralla y degollamos la guarnición de los rebellines en que se hicieron fuertes algunos de los genízaros que estaban allí de presidio.

Abrióse la puerta, por donde entró toda la gente, excepto los del escuadrón que estaba fuera, que debió de ser otros setecientos, hombres, y prometo que no cabíamos en las calles que son tan angostas como cana y media, que son tres varas. Cogiéronse algunos moros y moras aunque pocos, por haberse escondido en los silos que tiene cada casa. Había en la tierra algún trigo que quiso embarcar el Adelantado y aun lo mandó. Fuera había unas huertas con sus norias, donde había algunos moros y algunos caballos, que creo llegaban a quince y los de a pie a ciento, los cuales estaban a raya con el escuadroncillo. Las escalas se habían quitado de la muralla, que fue la total ruina, y al cabo de un rato se tocó la trompeta a recoger, sin saber quien se lo hubiese mandado, con lo cual comenzó cada uno a cargar con los malos trapos que había buscado y se iban a embarcar a las galeras que

habían venido a la tierra muy cerca a tiro de cañón. La gente
se comenzó a embarcar sin más orden. Cuando se lo dijeron
al Adelantado dijo ¿quién lo había mandado?; no se halló
quien y sin poderlos detener pasaron adelante con su viaje,
tanto que el escuadrón hizo lo mismo; viendo que todos se
iban a embarcar se deshizo sin saber quien lo mandase y corriendo a la marina sin haber alma que fuese tras ellos, con
que venimos a hallarnos a la lengua del agua casi todos los
1.200 hombres, con que los moros que estaban en las huertas
subieron por las escalas nuestras que estaban en uno de los
cuatro lienzos que tenía la tierra, sin ver la puerta que estaba
en otro ya abierta; comenzaron a salir de los silos los moros
escondidos y de la muralla nos acribillaban con la artillería,
que aun no fuimos para desencabalgarla y clavalla; pero si
tenía Dios dispuesto lo que nos sucedió ¿cómo habíamos de
tener juicio? pues nos lo quitó a todos este día.

En este punto se levantó tan gran borrasca que se pensaron perder las galeras, y era contraria, que venía de la mar.
La gente de a caballo que estaba en las huertas con algunos
de a pie rompió con los que estábamos a la marina y hicieron
tan gran matanza que es increíble, sin haber hombre de nosotros que hiciese resistencia, siendo los nuestros casi toda la
gente dicha y ellos no llegaban a ciento y sin bocas de fuego,
solo con lanzas y alfanjes y porras de madera cortas. Miren
si fue milagro conocido y castigo que nos tenía guardado
Dios por su justo juicio.

Toda esta gente que estábamos en la marina, unos se echaron al agua y otros a la tierra, dellos mismos huyendo tanto,
que vi un esquife encallado en el seco con más de treinta
personas dentro que les parecía estaban seguros por estar
dentro el esquife, sin mirar que estaban encallados y que era
imposible el desencallarse con tanta gente y aun sin nadie

dentro. Ahogóse mucha gente que no sabían nadar y yo me había metido en el agua vestido como estaba, a donde me daba poco más de la cintura, y tenía encima una jacerina que me había prestado el cómitre de mi galera, que valía cincuenta escudos, con que se armaba en Sicilia cuando iba a reñir. Pesaba más de veinte libras y pude desnudarme y quitármela y irme a nado a galera, aunque harta fortuna porque nado como un pescado; pero estaba tan fuera de mí que río me acordaba y estaba embelesado mirando como seis morillos estaban degollando los que estaban en el esquife sin que ninguno se defendiese, y después que lo hubieron hecho los echaron a la mar y se metieron en el esquife, desencallándole, conque fueron macando a todos los que estaban en el agua y iban nadando, sin querer tomar ninguno a vida [en] la tierra. No dejaban de tirar artillería y escopetazos con que hacían gran daño.

De las galeras habían señalado marineros en los esquifes para recoger la gente que pudiesen y no osaban llegar, porque como la borrasca era de fuera temían no encallar en el bajo y perderse en uno de estos.

Venía por cabo el dueño de la jacerina y conocióme en una montera morada que tenía con unas trencillas de oro y en la ropilla, que era morada y dándome voces que me arrojase, que ellos me recogerían afuera, lo hice sin quitarme nada de encima, disparate grande. Nadé como dos pasos y me ahogaba con el peso y la gran borrasca que había. El cómitre, por no perder su jacerina embistió conmigo y cogióme de un brazo y metióme dentro con harta agua que había bebido, y otro pobre soldado que medio ahogado agarró del esquife y lo remolcaba a tierra con la mar hasta que le cortaron la mano porque le soltase, con que se ahogó, que me hizo harta lástima, pero todo fue menester para salvar el esquife. Llevóme a galera, donde los pies arriba y la cabeza abajo vomité el agua bebida.

El Adelantado, viendo esta desdicha fuese a embarcar a su faluga que tenía y un capitán de infantería camarada suya dentro de guarda, como vio la gran desorden la borrasca se fue a galera. Dicen que le llamaba a voces el Adelantado por su nombre, apellidándole camarada, que el nombre no digo por su infamia que hizo, y sin volver a tierra se fue y dejó al buen señor donde se ahogó queriendo nadar, y el esquife de la capitana lo embarcó, que le conocía; pero cuando lo hizo ya estaba ahogado. Trajéronlo a la capitana: yo le vi tendido encima de una mala alfombra en la popa de la capitana de Sicilia, con el vestido como estaba en tierra, sin herida ninguna, solo la cara denegrida y acardenalada, que consideré que cosa sea el ser gran señor o pobre soldado, que aun el ser general no le bastó para salvarse en aquella ocasión donde se salvaron otros, aunque pocos, que de toda la infantería del tercio de Sicilia que venía embarcada no quedaron más de setenta y dos, siendo más de ochocientos los que veníamos embarcados. De las cuatro galeras de Malta pereció a este respeto también, que no supe el número.

Vi al Adelantado, como he dicho, porque en mi galera no había oficial de la compañía ni soldados más de seis conmigo, y díjome el capitán de la galera que fuese a las demás, a ver si topaba algunos soldados de los nuestros que se hubiesen salvado en alguna de las otras galeras. Tomé el esquife, que había querido Dios aplacar su ira con tantas muertes y con la del Adelantado, porque estaba la mar como una leche blanca, no habiendo habido de tiempo en ganar la tierra y perdella y la borrasca tres horas cabales.

Llegué a la capitana y no hallé soldado ninguno más que al alférez, que todos saltaron en tierra sin bandera, y entonces vi al Adelantado como he dicho.

Volvíme a mi galera, que iba zarpando, y es de considerar que en este poco tiempo estaba también la marina como si no hubiera habido allí aquella gran matanza. No quisieron tomar vivo ningún cristiano, que todos los mataron, sino fueron algunos que se escondieron en unas tinajas grandes como las que echan vino en España, que se hacen allí, y había muchas arrimadas a una puerta falsa de la tierra; pero no fueron treinta éstos.

Al maese de campo nuestro, que era un caballero del hábito de Calatrava, que llamaban don Andrés de Silva, le cogieron vivo, y sobre quién le había de llevar le cortaron por medio vivo para dar a cada uno la mitad, que fue lástima cuando lo oímos decir. A los muertos cortaron las cabezas y quemaron los cuerpos, y a los que cogieron vivos les pusieron a cada uno una sarta de cabezas y una media pica en la mano con otra cabeza hincada en la punta, y desta manera entraron en Túnez triunfando. Este fin tuvo aquella desdichada jornada. Partimos de Sicilia y en el camino se apartaron las galeras de Malta para Malta, que estaban cerca.

Nosotros llegamos a Palermo con los fanales de las galeras cubiertos de luto y las tiendas hechas, con ser por agosto, bogando sin concierto, que ponía dolor a quien lo vía, y más viniendo tantas barcas a preguntar, quién por su marido y por hijo y por camarada y amigos, y era fuerza responder; son muertos; porque era verdad, que los alaridos de las mujeres hacían llorar los remos de las galeras.

Sacaron de noche el cuerpo del Adelantado y llevaron a una iglesia, con muchas hachas, que no me acuerdo cómo se llamaba la iglesia, y dejaron depositado hasta llevarlo a España.

Al capitán que le llevó la faluga al Adelantado hicieron proceso, y un hermano suyo que estaba en Palermo en puesto grande, viendo que le habían de dar muerte infame por lo escrito, le dio una noche veneno y amaneció muerto, hinchado como una bota; ya he dicho que no digo su nombre, porque era muy conocido.

Rehízose mi compañía y enviáronme a alojar a Monreal, legua y media de Palermo, y estábalo yo en casa de un hornero o panadero que tenía una haquilla de portante y gorda; prestábamela todos los días y iba a Palermo y volvíame a Monreal. Estaba yo entonces buen mocetón y galán, que daba envidia. En la calle por donde entraba de Monreal vivía una señora española, natural de Madrid, viuda de un Oidor, con quien vino casada. Era hermosa y no pobre, y siempre que pasaba por allí la vía en la ventana, que me parecía estaba con cuidado. Supe quién era, y envié un recado que yo era de Madrid, que si a su la podía servir en algo que me lo mandase, que más obligación tenía yo por ser de su tierra que no otros. Agradeciómelo y dio licencia que la visitase. Hícelo con mucho cumplimiento, y regalábala con frutas de Monreal que son las mejores del reino. De lance en lance tratamos de amor y de matrimonio, aunque diferente estado el haberle tenido con un letrado y Oidor con fausto, o con un soldado que no tenía más que cuatro golillas y doce escudos de paga, aunque era alférez reformado; vinimos a tratar de veras el casamiento entre los dos, y dije: Señora, yo no podré sustentar coche ni tantos criados como tiene vmd. aunque merece mucho más. Dijo que no importaba, que se contentaría con una silla y dos criadas y dos criados. Con lo cual pedimos licencia al Arzobispo para casarnos en una ermita y nos la dio; que esto se hizo con secreto, de que le pesó al duque de Feria cuando lo supo, porque la tenía por encomendada del duque de Arcos.

Estuvimos casados con mucho gusto más de año y medio, queriéndonos el uno al otro, y cierto que era tanto el respeto que la tenía, que a veces fuera de casa no me quería cubrir la cabeza delante de ella; tanto la estimaba. En suma: yo tenía un amigo que le hubiera fiado el alma; entraba en mi casa como yo mismo, y fue tan ruin que no mirando a la gran amistad que había entre los dos, comenzó a poner los ojos en mi mujer que yo tanto amaba, y aunque yo vía algunas cosas de más cuidado en el hombre de lo ordinario, no pensé en tal cosa, hasta que un pajecillo que tenía me dijo: Señor, ¿en España los parientes besan a las mujeres de los otros parientes? Dije: ¿por qué lo dices? respondió: porque fulano besa a la señora, y le mostró las ligas. Dije yo: en España se usa, que si no no lo hiciera fulano (que no quiero nombrarle por su nombre a ella ni a él), pero no lo digas a naide más; si ves que lo hace otra vez, dímelo para que yo se lo diga. El chiquillo me lo dijo otra vez; y en suma, yo que no dormía, procuré andar al descuido con cuidado, hasta que su fortuna los trujo a que los cogí juntos una mañana y murieron; téngalos Dios en el cielo si en aquel trance se arrepintieron. Las circunstancias son muchas y esto lo escribo de mala gana. Solo diré que de cuanta hacienda había no tomé un dinero, más de mis papeles de mis servicios, y la hacienda gozó un hijo del primer marido.

Capítulo IX. Cómo me fui a España y en ella me
levantaron era rey de los moriscos, donde tuve mucho
trabajo

Fuíme a España y a la Corte a tratar de mis pretensiones.
Metiéronme en relación de capitanes, y vacando la sargentía
mayor de Cerdeña me la dieron, habiéndome consultado el
Consejo en ella.

Y queriéndomela barajar don Rodrigo Calderón que esté
en el cielo, para un hermano de un criado suyo, hizo que me
pusiesen en la patente a beneplácito del Gobernador o capitán general, cosa jamás vista.

Hablé al secretario Gasol sobre ello, y encogióse de hom-
bros; tomé una mula y fuime al Escorial a hablar al rey don
Felipe tercero, que esté en el cielo, y remitióme a don Rodrigo
Calderón, que entonces no era más el año 1608. Yo respondí
al rey: Señor, don Rodrigo es el que ha hecho poner en la patente el con que. Díjome casi enojado: Yo os haré despachar.
Fui a hablar a don Rodrigo, y sabía ya cuanto había pasado
con el rey; con que me dijo: ¿Cómo sabe que yo he mandado
poner en la patente el con que? ¡Vaya, vaya!

Salí de allí y de allí a una hora llegaron a mí dos hombres,
y dijeron: venga vmd. con nosotros. Parecióme imperio de
justicia, aunque no traían vara, y como yo había tenido con
el rey y don Rodrigo lo dicho, acabé de creer era justicia, y
pensé bien. Lleváronme en medio, en conversación, preguntándome mis pretensiones; con que llegamos abajo al lugar,
y yo pensando me metieran en la cárcel, pasamos por junto
a ella, que está en el camino, y saliendo del lugar como dos
tiros de mosquete, el uno que iba a mi lado derecho puso la
mano detrás por debajo de la capa, a quien yo miraba más

a las manos que a la capa, y al punto saqué la espada y di tan gran cuchillada en la cabeza, que cayó en el suelo con las escribanías en la mano, que si no se las veo le asegundo; el otro, que era el alguacil, metió mano al punto, y tirándome afuera hice una raya en el suelo con la espada, y dije: no me pase de ahí nadie que lo haré pedazos. El alguacil tomó la sangre con unos pañizuelos, y de aquella manera me notificaron no entrase en el Escorial sin licencia del rey, pena de la vida. Yo dije: ¿y mi mula, que está en el mesón? ¿tampoco no puedo ir por ella? Dijeron: no, que se la enviaremos, y a toda prisa se fueron a curar el escribano y a dar cuenta al que se lo había mandado. Dicen que se rió mucho en la comida del rey. Trájome un labrador mi mula y púseme a caballo camino de Madrid, y en las siete leguas entré en cuenta conmigo y me resolví el irme a servir al desierto a Dios y no más Corte ni Palacio.

Entré en Madrid y fuime a mi posada, donde perseveré en mi propósito y traté de mi viaje, que fue el irme a Moncayo y fabricar una ermita en aquella montaña y acabar en ella.

Compré los instrumentos para un ermitaño: cilicio y disciplinas y sayal de que hacen un saco, un reloj de Sol, muchos libros de penitencia, simientes y una calavera y un azadoncito. Metí todo esto en una maleta grande y tomé dos mulas y un mozo para mi viaje, sin decir a nadie donde iba. Despedí un criado que tenía, recibí la bendición de mi madre, que pensó iba a servir mi sargentía mayor, y muchos lo pensaron cuando me vieron pasar por San Felipe, camino de Alcalá y Zaragoza.

Llegué al puerto de Arcos, donde se registra, y queriendo que abriese la maleta, como la vieron grande, dije: Suplico a vmds. no la abran, que no hay cosa de registro; ¿qué quieren que tenga un soldado que viene de la Corte? Ellos quisieron abrirla, y comentando, sacaron los instrumentos dichos, que se quedaron espantados, y dijeron: señor, ¿dónde va con esto? Dije: a servir otro poco a otro rey, que estoy cansado; y como vían que yo iba bien tratado les movió a lástima, y en particular el mozo de mulas, que lloraba como una criatura; fuimos de allí adelante tratando los dos de mi retirada, hasta que llegamos a Calatayud, que habla unos caballeros de Malta, mis conocidos, a quien pedí algunas cartas de favor en que me acreditasen para el Obispo de Tarazona, que Moncayo está en su diócesis.

Predicáronme no tomase tan fuerte resolución, porque sabían quien yo era, y no pudiéndome sacar de mi intento me dieron cartas de mucho crédito, y aún suplicaban al Obispo que me lo quitase de la cabeza. Era Obispo un fraile jerónimo que había sido confesor del rey Felipe segundo.

Llegué a Tarazona, fuime a una posada, despedí mi mozo y mulas, que no se quería ir, ¡tanto amor me había cobrado!, y de allí dos días fui a ver al Obispo y di las cartas. Mandó que me quedase a comer con él y sobremesa me hizo un sermoncito, puniéndome por delante los mil inconvenientes y la mocedad; yo siempre firme en mi propósito; estuve en su casa ocho días regalado, y siempre con sermones, hasta que vio no tenía remedio, con lo cual me dio cartas para su Vicario, que estaba en Agreda, que está a la falda de Moncayo. Llegué, di mis cartas al Vicario, que se espantó de mi resolución, y dijo que cuando quisiese podía comenzar.

Estaba por Corregidor un grande amigo mío en esta ciudad, de Madrid, que se llama don Diego Castellanos de Maudes, que como me vio me llevó unos días a su casa, que casi me hubiera quitado el pensamiento; y como supieron en la ciudad mi intento y que el Corregidor me abonaba, que era hombre que había estado en tantas ocasiones, gané las voluntades de todos; con que vista mi perseverancia ayudaron a fabricar mi ermita, que fue poco más de media legua de la ciudad, en la falda de la montaña.

Compúsela de algunas cosillas, con la imagen de Nuestra Señora de la Gracia, de bulto. Hice una confesión general en un convento de San Diego, de frailes franciscos descalzos, que está fuera de la ciudad, en el camino de mi ermita; que el día que me vestí de ermitaño descalzo fue el Vicario y la bendijo, y dijo misa, y estuvo el Corregidor y muchos caballeros, que acabado se fueron y me quedé solo tratando de repartir el tiempo en cosas saludables al alma. Púseme el saco de la color de San Francisco y descalzo le pie y pierna. Venía todos los días a oír misa al convento, donde tenía batería de los frailes, fuese uno dellos; yo no quería.

Los sábados entraba en la ciudad y pedía limosna; no tomaba dinero, más de aceite, pan y ajos, con que me sustentaba, comiendo tres veces a la semana una mazamorra con ajos y pan y aceite, cocido todo, y los demás días pan y agua y muchas yerbas que hay en aquella montaña.

Confesábame cada domingo y comulgaba. Llamábame fray Alonso de la Madre de Dios, y algunos días me hacían comer los frailes coro ellos, con intención que me metiese fraile; y como vieron que no había remedio, me pusieron pleito para que me quitase el hábito o saco que traía de su Orden. Salieron en ello y hube de mudar traje, que me pesó harto, tomando color de los frailes visorios, que creo si los hubiera allí fuera lo mismo; ¡tanta gana tenían de meterme en su religión!

Yo pasé cerca de siete meses en esta vida, sin que se me sintiese cosa mala, y estaba más contento que una pascua; y prometo que si no me hubiesen sacado de allí como me sacaron, y hubiera durado hasta hoy, que estuviera harto de hacer milagros.

Volvamos atrás, cuando pasé por Hornachos, que había pasado tiempo de cinco años, del año 1603 al de 1608, que era cuando estaba en la ermita, o me fui a ella.

Hubo en España algunas premisas que los moriscos se querían levantar, y habiendo ido el alcalde Madera que lo era de Casa y Corte, a Hornachos, a hacer unas averiguaciones graves contra el rebelión que dicen se conjuraban los moriscos, estaba en dicho ligar con su corte, en el cual mandó ahorcar seis moriscos; el por qué no lo sé, más de que habiendo venido del lugar de Guareña a Hornachos unos labradores a vender algo, vieron ahorcados los moriscos, con lo cual dijeron: «no sin causa aquellos soldados que pasaron por nuestra tierra los años atrás, decían tenían éstos una cueva de armas escondidas.» No faltó quien lo oyó y avisó al alcalde, que mandó prenderlos, y tomada su confesión dijeron que una compañía de soldados que había pasado por su tierra los años atrás, en una pendencia que hubo con la gente del lugar, decían los soldados: ¡Ah, cuerpo de Dios, si nos hubieran armado con las armas que hallaron escondidas en la cueva de Hornachos!

Preguntáronlos quién era el capitán; dijeron que no sabían; con que despachó al lugar a ver si lo podía saber, y como en todos los lugares antes de alojar se echa un bando en nombre del capitán, halláronlo con facilidad.

Sabido el nombre del capitán, que a la sazón estaba en Nápoles, hallaron testigos en el lugar, como decían el alférez tuvo la culpa, que pues las halló sin decir a naide nada, las había de repartir entre nosotros. Con lo cual procuró saber quién era el alférez; no lo supieron decir, y así se envió a la Corte a saber quién era el alférez del capitán don Pedro

Jaraba del Castillo en la leva del año 1603, y con facilidad supieron era yo.

Buscándome alcanzaron a saber cómo estaba en Moncayo hecho ermitaño y había dejado de ir a servir la plaza de sargento mayor de Cerdeña, porque había escrito de la ermita a mi madre y a unos oficiales de la Secretaría de Estado, mis amigos, que entonces la tenía el señor Andrés de Prada, el viejo, que me hacía mucha merced; con lo cual despacharon una cédula Real para que me fuesen a prender, pareciéndoles que pues había topado aquellas armas y de ellas no se había tenido noticia hasta entonces, y que en tiempo que los moriscos trataban de levantarse no quisiese yo haber ido a ejercer a Cerdeña mi oficio, sino retirádome en hábito de ermitaño a Moncayo, que es lo más fuerte de España y se comunica con Aragón y Castilla, siendo la raya de lo uno y lo otro, les dio a imaginar que yo sería el rey de aquellos moriscos, no sabiendo lo que me obligó a retirarme.

Llegó el que traía la comisión, que se llamaba Fulano Llerena (alguacil de corte), y presentóla de secreto al Corregidor de Agreda, y convocando mucha gente armada fueron a mi ermita; y como no era camino real ni otro el de la ermita, yo me espanté de ver venir tanta gente junta y armada: imaginé era alguna compañía de soldados bisoños que pasaban a Aragón; pero viéndolos encaminar a la ermita, no sabía qué decirme. Más de que llegaron con tanta prevención, como si fuera un castillo lo que habían de ganar, y llegándose a mí que estaba con un rosario en la mano y un cayado en la otra, me agarraron y prendieron, y al punto me ataron las manos atrás y pusieron un par de grillos en los pies con el mayor contento, como si hubieran ganado una ciudad muy fuerte, y puniéndome encima de un pollino, asentado y atado, comenzaron a caminar la vuelta de la ciudad. Yo oía decir: «este es el rey de los moriscos; miren con la devoción que andaba en la sierra.» Otros decían mil disparates, con que llegamos a do había salido todo el lugar a verme, y a unos hacía lástima y a otros daba qué decir.

Metiéronme en la cárcel con gran guarda, donde estuve aquella noche encomendándome a Dios y haciendo examen de mi vida, por qué podían haberme preso con tanto cuidado y cédula del rey.

No podía saber qué fuese, porque hacía mil juicios; otro día rogué me llamasen al Corregidor; vino y preguntéle me dijese si sabía la causa de mi prisión. Respondiome que creía era tocante a los moriscos, con lo cual imaginé sería por las armas que topé en Hornachos, que luego se me vino a la memoria, y dije: si es por las armas que topé en Hornachos, ¿para qué me prendían con tanta cautela?; que preguntándomelo lo diría; el Corregidor se espantó y llamó al punto al tal Llerena y se lo dijo, de que daba saltos de contento, y mandó que me quitasen las prisiones de las manos, que me atormentaban.

Dábanme de comer con arreglo, y como estaba enseñado a comer yerbas, me hinché luego, que pensaron me moría, y pensaron era veneno; llamaron los médicos, curáronme, y luego conocieron lo que fue, que era fácil de sanar. Caminábamos a Madrid, y en el camino fui regalado, pero con mis prisiones y doce hombres de guarda con escopetas. Llegamos a Madrid y me llevaron a apear a la calle de las Fuentes, en casa del alcalde Madera, que había venido de Hornachos.

Apeado, mandóme quitar las prisiones y metió en una sala donde quedamos solos, y comenzándome con amor a preguntar la causa de haberme retirado, le dije lo que ya tengo escrito atrás; pasó adelante, y díjome si había estado en Hornachos alguna vez; respondíle: Señor, si es por las armas que topé en un silo allí, pasando con mi compañía habrá cinco años, no se canse vmd., que yo se lo diré como pasó. Levantóse y abrazóme diciendo que yo era ángel, que no era hombre, pues había querido Dios guardarme para luz del mal e intento que tenían los moriscos, y comencé a contárselo como está dicho; mandó que me llevasen en casa de un alguacil de Corte que se llamaba Alonso Ronquillo, con seis guardas de vista, pero sin prisiones, con orden me regalasen, y que a la comida y cena estuviese un médico a la mesa, el cual no me dejaba comer ni beber a mi gusto, sino al suyo, por lo cual veo que come mejor un oficial que un gran señor.

Pasóse cuatro días, que no me dejaron escribir ni enviar recado a naide de mis conocidos y madre, y al cabo de ellos vino el mismo alcalde con un secretario de el crimen que se llamaba Juan de Piña, y me tomó la confesión de verbo a verbo (sic), en la cual no quiso que me llamase fray Alonso de la Madre de Dios, sino el sargento mayor Alonso de Contreras, y así me hizo firmar.

De allí a quince días que yo ya comunicaba con mi madre y amigos, aunque siempre con guardas de vista, pero no con médico a la mesa, llegó una noche el alguacil Ronquillo, a medianoche, vestido de camino y con pistolas en la cinta, con otros seis de la misma manera, y entró en el aposento y dijo: Señor sargento mayor, vístase vmd., que tenemos que hacer. Yo, como lo vi de aquella manera, dije:

¿Qué, señor?

—Que se vista, que tenemos que hacer.

Yo tenía poco que vestir, más que echarme encima un saco, y hecho le dije: ¿Dónde va vmd.?

Respondió: A lo que ordena el Consejo.

Entonces yo respondí: Pues sírvase vmd. de enviar a llamar a San Ginés quien me confiese, que no he de salir de aquí menos que confesado.

Entonces tornó y dijo: Es tarde; vamos, que no es menester; y por el mismo caso me temí lo que tenía en mi imaginación, que era el llevarme a dar algún garrote fuera de el lugar.

Capítulo X. En que se sigue el levantamiento de testimonio sobre que era rey

En suma: trajeron al teniente cura de San Ginés, que estaba a tres casas, y arrimándome a un rincón me confesé. ¡Pluguiera Dios fuera hoy que escribo esta la cuarta parte tan bueno como entonces! Supliqué y pedí con citación al confesor que a otro día había de dar cuenta de lo que le pedía al secretario Prada y a mi madre, y era suplicarle de mi parte se siguiese la causa, porque en ningún tiempo se dijese yo había sido traidor al rey, con lo cual se acabó la confesión y se fue el teniente cura, y a mí me pusieron unos grillos y ataron muy bien encima de una mula de silla, y por debajo de la barriga de la mula ataron el otro pie en que no iban grillos.

Salimos de casa, que vivíamos a la rinconada de San Ginés; subiéronme por donde van los ahorcados, entré la plaza y bajáronme por la calle de Toledo y Puerta Cerrada, calle de los Ajusticiados; verdad que era camino de la Puerta de Segovia por donde habíamos de ir para Hornachos donde me llevaba, que pudo decírmelo, con que excusara aquella aprensión que tomé de que me llevaban a dar garrote. En suma, caminamos nuestro camino lo que quedó de la noche y a cada sombra de árbol pensaba que era el verdugo. Amanecimos en Móstoles, caminamos a Casarubios donde dimos cebada y almorzamos, aunque yo de mala gana, y díjele al alguacil por qué no me decía a dónde íbamos, y hubiera ahorrado tan gran pesadumbre como había tomado aquella noche. Díjome que íbamos a una tierra que no me lo quería decir, porque llevaba orden del Consejo, hasta que estuviésemos en ella; que aún me quedó algunas sospechas.

Llegamos a la vista de Hornachos y entonces dijo que íbamos a él, y que se había de hacer una diligencia aquella noche, que no habíamos de entrar hasta medianoche. Nuevos pensamientos para mí, que estuvimos en una huerta aguardando la hora, y yo pensé era la postrera, pero no me daba cuidado. Siempre que haya de ser me coja como entonces, que me contento.

A la entrada del lugar me quitó los grillos y desató, diciéndome: vmd. diga la casa donde estaban las armas. Dije: señor, yo no conozco el lugar porque no estuve en él más de una tarde y una noche, y cuando me llevó el soldado era de noche, y hace cinco años; pero póngame vmd. en una calle que hay que está arriba, donde hay una fuente, que espero en Dios acertar la casa; hízolo, y dije, ésta o ésta es la casa; dijo, pues vámonos a la posada. Fuimos y dábame de cenar, ¡reventado sea! ¡Mirá si me había dado buena cena con semejantes tragos! Amaneció y dieron traza para que yo entrase en las dos casas, sin escándalo, a reconocerlas, y fue que entrando en otras primero decían que era enviado del Obispo de Badajoz a ver las casas, si tenias imágenes y cruces; y como yo era ermitaño, creyéronlo y fue causa que vinieron santeros con estampas de papel a Hornachos, que se hicieron ricos, y no había puerta que no tuviera dos o tres cruces, que parecía campo de matanza. Entré en la casa y topé el silo, pero no estaba como yo lo había confesado en mi confesión, que era blanco como una paloma y de algunos treinta pies de largo y veinte de ancho.

Halleme confuso y arrimado a la pared; con el dedo estuve arañando como confuso, cuando quiso Dios que cayó un pedazo de lodo de donde arañaba, y debajo quedó blanco. Reparé en ello y dije, señor, traigan quien derribe una tapia porque, rasqué todas las paredes y no había blanco más de las tres, y la una era negra. Trajeron quien la derribase la negra, y luego quedó el silo como yo lo había dicho, porque habían echado una tapia en medio del silo y de un aposento habían hecho dos y echado una capa de barro encima.

Prendieron al dueño de la casa. Dijo que él había comprado la casa dos años había, de otro morisco, que no sé cómo se llamaba, mas que yéndole a prender, como había ya sabídose el ruido de el derribar la casa tomó una yegua que tenía y se fue a Portugal, que costó harto de sacarlo del; embargáronle su hacienda, que la fiesta fue para el alguacil y las guardas. Con esto ya me tenían con menos cuidado. Despachóse a la Corte con lo dicho, que estimó el alcalde la nueva.

Yo casi malo y de muerte; pero fueron tantos los remedios y cuidados que sané presto; enviaron por mí, y para llevarme trajeron litera y médico que fuese conmigo, porque iba convaleciente, y en todas las tierras que pasaba salía el corregidor o alcalde a entregarse de mí hasta la mañana que me tornaba a entregar; pero regaladísimo, y en lindas casas y no en cárceles, que nunca entré en ellas. Llegamos a Madrid y lleváronme a la misma casa. Vióme mi madre con hartas lágrimas.

Yo estaba ya bueno, y un día lleváronme en casa del presidente de Castilla, que era el señor don Pedro Manso, donde había una junta con Consejeros del Real y de Guerra. El señor don Diego de Ibarra y el señor conde de Salazar eran del de Guerra; los demás no tenía con ellos conocimiento sino con el señor Melchor de Molina, que era Fiscal.

Trajeron al comisario a carear conmigo, a quien yo confesaba había dado cuenta y él había negado no había estado en Hornachos, y leyéndome la confesión dije que conocía al tal comisario y que era verdad todo lo contenido en aquella confesión, y que para qué negaba cosa tan clara. Nególo; y yo dije: señor; esta es la verdad, y si es menester rectificarlo en un tormento lo haré. Con esto se acabó, mandándome llevar a mi sólita prisión y al comisario a la cárcel de Corte.

No pasaron muchos días, que una noche, después de acostado, me mandaron vestir, y metiéndome en una silla me llevaron a la calle de las Fuentes y metieron en una sala muy entapizada donde había una mesa con dos velas y un Cristo, y tintero y salvadera, con papel; allí cerca un potro que no me holgué de verlo, y estaba el verdugo, y el alcalde y escribano. El alcalde me consoló y dijo que el comisario negaba no le había dado parte de las armas y que así era menester darme tormento, que le pesaba en el alma de ello; y así, mandó, que se hiciese lo necesario. El secretario me notificó no sé qué, que no me acuerdo, y el verdugo me desnudó y echó en aquellas andas y me puso sus cordeles.

Comenzáronme a decir dijese a quién había entregado las armas. Yo dije que me remitía a mi confesión; dijo, que bien se que te dieron a ti y a tu capitán cuatro mil ducados porque lo callásedes. Yo respondí, es mentira, que mi capitán supo de ello como el Gran Turco; lo que tengo dicho es la verdad; conque no quise responder más palabra en todo el tiempo que me tuvieron allí, mas de que dije: recio caso es atormenten por decir la verdad, que tan poco me importaba el decir lo dicho de bueno a bueno; si quiere vmd. que me desdiga lo haré. Dijo, aprieta y da otra vuelta, y no me pareció que me dolió mucho esta vuelta, y luego me mandó quitar y que me metiesen en la silla y llevarme a casa, donde me curaron y regalaron como al rey; y al meterme en la silla me abrazó el alcalde.

Estuve en la cama regalado más de diez días y luego me levanté, y el comisario estaba apretado en la cárcel de Corte; pero tenía al condestable viejo que le ayudaba, y al conde del Rin, hombre viejo, además de 30.000 ducados que decían tenía.

Proveyóse un auto en que me soltasen, tomándome pleito —homenaje que no saldría de la Corte hasta que se me mandase—, y mandaron que me quitase el hábito de ermitaño, para lo cual me vistieron de terciopelo, muy bien, en hábito de soldado, y me daban cada día cuatro escudos de oro para comer y posada, los cuales me daba el secretario Piña cada cuatro días con puntualidad. Todo esto se pagaba de los bienes de los moriscos.

Salí a San Felipe, como digo, galán; todos se espantaban de verme y holgaban de que estuviese libre. Yo iba cada noche en casa del alguacil que me había tenido preso, y su mujer me decía: señor, el comisario prueba no estuvo en Hornachos, con muchos testigos; yo, por el pan que ha comido con nosotros vmd., le aconsejaría se fuese, no tornase a caer en prisión, y, como dicen, más vale salto de mata que ruego de buenos. Yo pensé lo decía con buena intención, y pardiez que traté de irme como me lo aconsejaba, porque lo hacía a estancia del comisario, que, como digo, era rico, y al fin se le cuajó su intención.

Yo tenía algo ahorrado y rogué al secretario me diese por dos días la ración, que lo había menester, y vendiendo el vestido negro, habiendo comprado en la calle de las Postas un calzón y capote pardo, sin aforro, y unas polainas y una mala espada, con mis alforjas y montera sale una noche al anochecer de Madrid, camino de Alicante; y esto era por enero. Quien ha caminado aquellos caminos en tal tiempo me ternga lástima.

Amanecí en la barca de Bayona y caminé por esa Mancha arriba. Llegué à Albacete de donde tomé el camino de Alicante, que llegué en cuatro días y aquí tomé lengua donde estaba el tercio de la Armada, porque estaban todos los tercios de Italia y Armada en aquel reino de Valencia donde estaban muchos soldados de mi compañía cuando pasé por Hornachos, que como agregaron mi compañía cuando me reformaron en Lisboa, todos los que quedaron en pie los metieron en la Armada, en el tercio della.

Supe como estaba este tercio en la Sierra de Cortes y en Lahuar caminé hacia ella en el hábito que he dicho, y buscando algunos soldados de los míos tuve medio de irme cada día a ver entrar las Compañías de guarda, donde hallé mas de quince, y entre ellos dos que eran alféreces, vivos. Contéles mis trabajos a los alféreces, que se condolieron y llevaron a su posada, y diciendo que el comisario negaba no había estado en Hornachos, dijeron que mentía, que aún le darían señas de lo que almorzó aquella mañana, y en qué posada; hablamos algunos de los soldados, para que dijesen sus dichos, y teniéndolo prevenido hice un memorial para el auditor del tercio en que me convenía desanimar ciertos testigos, de cómo un fulano había estado presente en una tierra o lugar que se llamaba Hornachos, por tal tiempo, y que para cobrar cierta hacienda me importaba; le suplicaba y daba los nombres de los testigos.

Con esto desanimé cinco testigos de cómo estaba el comisario en Hornachos cuando la Compañía estuvo allí. Después de hecho lo guardé y quise irme; pero estábamos de día en día para saquear los moriscos de aquella sierra y me aguardé algunos días, y también por aguardar buen tiempo, que le hacía cruel.

Cuando me huí de Madrid me echaron menos a dos días y enviaron a buscarme por diferentes partes, y así mismo me pregonaron en Madrid llamándome a pregones, con lo cual, como no respondí ni se sabía dónde estaba, aunque tuvieron noticia que había huido hacia Valencia por algunas señas que tuvieron de mí; con que el comisario comenzó a pedir que le soltasen, porque todo lo que yo había dicho era mentira y que me había vuelto a buscar los moriscos para meterme entre ellos; tenía dinero y los dos grandes señores que le ayudaban, y así no hubo dificultad en soltarle, aunque el alcalde no creía de mí cosa mala, y más que se había hecho secretamente una plena información hasta dentro del cuarto grado, para saber si tenía alguna raza de moro o judío; y digo esto, porque después me dijo el secretario Piña: si vmd. tuviera lo que costó de hacer pesquisa y información de su nacimiento, padres y abuelos paternos y maternos, había para pasar algunos días, y fue vmd. venturoso en que no hallasen cosa de lo dicho, porque es cierto le hubieran ahorcado.

El buen comisario andaba fuera de la cárcel, y la sentencia de los moriscos se iba fulminando el echarlos de España, y a mí buscándome.

Cuando de allí a pocos días, en un saquillo que hubo de unos moriscos en la sierra de Lahuar me tocó un macho bizarro o mulo de arriero, con que tomé el camino de Albacete y un pasaporte del Sargento mayor del tercio, como no tenía plaza y aquel mulo lo había ganado y era mío, con sus señas. Entré en Albacete y vendí el mulo, que me dieron por él treinta y seis ducados y valía ciento. Caminé a Madrid, y antes de llegar una legua, en Vallecas, hice un pliego de cartas intitulado: al rey n. señor, en manos del Secretario Andrés de Prada; y con mis alforjas; como correo, entré en Madrid al anochecer. Fuíme derecho en casar del señor conde de Salazar y hablé con su Secretario Medina, y conociéndome dijo que me fuese con Dios, que si me cogían me habían de ahorcar mañana. Repliquéle, y él en que me fuese; llamé un paje y dije: vmd. diga al conde que está aquí un correo que viene del ejército de Valencia. Mandóme entrar al punto, y como me conoció miró a un lado y a otro si había gente, me pareció para prenderme. Yo le dije: Señor, yo soy el alférez Contreras, que por la reputación me ha obligado a venir ansí (venía con el lodo a media pierna) y para que vea V. S.ª aquí traigo información bastante como el comisario estuvo en Hornachos, que por irla a hacer donde había soldados de la Compañía me fui sin licencia; ahora V. S.ª mande lo que fuere servido. Entonces, dijo: por este hábito, que siempre tuve buen concepto de Contreras. Vaya en casa de Melchor de Molina, el fiscal, y cuénteselo luego, y veámonos mañana.

Yo fui en casa de Melchor de Molina, el fiscal, y me dijeron que estaba acostado, con que me determiné a ir en casa de una mujer conocida, y llamando a la puerta me respondió una moza que tenía y abrió; y como me conoció, dijo a voces, como espantada, ¡que es el alférez! Entré con la figura que he dicho, que era dificultoso el conocerme, y dije: ¿de qué se alborotan? Dijo la mujer: está loco en venir a Madrid, que no tardarán tanto en cogello como en ahorcallo. Por las llagas de Dios se vaya a una Iglesia. Dije: Isabelilla, toma, ve en casa del Embajador de Inglaterra y trae una empanada de lo que hallares y vino, que estoy muerto le hambre, y si me han de ahorcar, deja que muera harto.

La moza fue y vino en el aire; trujo la empanada y vino, y dije a la ama: siéntese y cene. Dijo que había cenado, y yo comencé a cenar, y acabado hice que me lavaran los pies con un poco de vino y me acosté; dormí, que venía cansado, y por presto que madrugué, ya estaba fuera el fiscal. Dijéronme que había ido a misa a la Compañía, y fui allá, y al salir de la iglesia habléle y dije cómo traía información, y que el conde me había dicho se la llevase y que se verían en Palacio. Tomó la información, doliéndose de verme, y dijo le aguardase en su casa; yo lo hice como lo mandó.

La criada de la señora donde había cenado era amiga de un corchete y avisóle por la mañana, mientras fui en casa del fiscal, que yo mismo había dicho iba allá por la mañana cuando salí, y éste avisó a su amo, que era un alguacil de Corte que se llamaba Artiaga, y aprestándose con otros corchetes fueron aguardarme cuando saliese de allí. Aguardé hasta mediodía, que vino el fiscal, y apeándose del coche, me vio y dijo: venga vmd., que Su Majestad le ha de hacer mucha merced, y esto asido de la mano; los que venían con él se espantaron ver [a] un hombre que parecía correo de a pie y menos hacer tantos cumplimientos. Entramos en el estudio y sentámonos, y comenzó a engrandecer mi valor, y dijo: vmd. vaya en casa del conde, que hemos estado en Palacio juntos y se ha tomado resolución con vmd.

Yo salí de la casa, cuando cargó el alguacil con sus corchetes sobre mí, ¡favor al rey! Yo metí mano a la herruza y comencé a jugar, pareciéndome que era trampa lo del fiscal, que no dejaba llegar a mí a naide. Avisaron al fiscal, que salió a la puerta, diciendo: ¡pícaros, ladrones! ¿qué hacéis? ¿Sabéis quién es ese que va vestido de correo? Por vida del rey, que os haga echar en una galera; ¿no bastaba que salía de mi casa? Con lo cual quedó el alguacil aturdido, y yo, envainando mi espadilla, me fui en casa del conde, con más de cien personas detrás y delante. Aguardé que viniera; y aún no se había ido la gente de la puerta cuando llegó y me dijo: Suba a casa, señor Alférez. Seguíle, y estando arriba, me dijo: vmd. ha cumplido como muy hombre de bien. Esto está acabado; mire para dónde quiere una compañía, y se le dará el despacho. Yo le besé la mano por ello, y dije: Señor, ya que ha de ser; sea para Flandes; y entonces me dio un billete para el Secretario Prada y más trescientos reales en piezas de a dos. Con que fui en casa del Secretario y di el billete y él me dio un pliego que hizo para el rey, que estaba en el Pardo; fuime al Pardo y entregué el pliego al secretario, y dijo que volviera a la tarde a boca de noche al escritorio; y volviendo, me dio un pliego para el mismo Secretario Prada y mil reales en piezas de a cuatro. Tomé lo uno y lo otro y vine a Madrid y entregué el pliego, y había en él una cédula para Flandes de doce escudos de ventaja y una carta para el Archiduque, en que me mandaba el rey me diese una Compañía de infantería, con lo cual me vestí a lo soldado y la derrota para Agreda, donde era ermitaño, pidiendo a mi madre su bendición y dejándola algún socorrillo del que me habían hecho a mí. El comisario, como tenía dineros y tan buenos ángeles de guarda, y estaba ya suelto en fiado, y la sentencia dada contra los moriscos que los echasen de España, le dieron un destierro que le debió de durar poco, porque le vi en la Corte de allí a cuatro años poco más.

Capítulo XI. En que se dice la salida que hice de Madrid
    para Flandes y sucesos de la muerte del rey de Francia
Salí de Madrid y encaminéme a Agreda, donde llegué en poquitos días. Fuíme a una posada y supo todo el lugar estaba

allí, que se holgaron infinito de verme, y más con las honradas cédulas que llevaba del rey.

Estuve allí cinco días, y luego me partí para San Sebastián, adonde llegué con salud, y me embarqué en un navío de Dunquerque para Flandes, que llegué en ocho días. Desembarquéme y fui a Bruselas; presenté al Archiduque mis despachos, hízome mucha merced, y mandóme sentar el sueldo, y que en la primera ocasión me daría una Compañía. Hícelo sentando la plaza en la Compañía del capitán Andrés de Prada, que era deudo del Secretario de Estado, en el tercio del Maestre de Campo don Juan de tileneses, que estaba en Cambray de guarnición.

No hubo ocasión en más de dos años de salir a campaña ni de darme compañía, hasta que se revolvió lo de la Princesa de Condé que el rey de Francia, Enrique Cuarto, la quería en todo caso; él sabe para qué; la cual se había venido a favorecer de la Señora Infanta y la tenía en su poder en Bruselas, y a su marido también, que es el Príncipe de Condé, jurado en Francia por tal Príncipe y heredero legítimo de aquella corona, si el mucho valor de Enrique IV no se la hubiera quitado; que se me ofrece tratar de él un prodigio de que soy testigo, y aún tengo dicho mi dicho delante del Magistrado de Cambray sobre el caso.

Es a saber: que el rey de Francia tenía hecha su liga con los potentados de Alemania y Italia, que ya tendrá el lector noticia Bella, que fue la del año 1610, y aún creo que dura hoy.

Trató de irse a San Deonís a jurar la Reina, que la dejaba en su lugar, y aquel día que lo había hecho se vino a París, que son dos leguas de una calzada, y entrando en la ciudad, en una calle angosta donde la guarda no pudo ir cerca de la carroza donde iba el rey, se arrojó un hombre y con un cuchillo jifero le tiró una puñalada, y visto que el rey habló diciendo que no le a tué, que quiere decir no le matéis, se arrojó de segunda vez y le dio otra, con que mató al más valiente rey que ha habido de doscientos años a esta parte, y prendieron a este hombre, al cual dieron infinitos tormentos para matarle, dándole cada día su género de tormento, y lo más que dijo siempre: Mon Dio de paradi (sic), que quiere decir, Dios mío del Paraíso; y más que preguntándole que quién se lo había mandado hacer, decía que nadie, que él lo había hecho porque no padeciesen los cristianos, y que había venido de su tierra otras dos veces a hacer este caso, y no había tenido ocasión de hacerlo, y gastándose lo que traía, se volvía.

Este se llamaba Francisco de Rubillar (sic), natural de Angulema. Era maestro de niños. Angulema está en Bretaña. Sucedió esto a 14 de mayo de 1610, a las cuatro de la tarde. Todo esto es relación verdadera, que como estuve en Cambray, que está cerca, me certifiqué de todo; pero lo que vi diré agora, a que tengo citado.

Como he dicho, estaba de guarnición en Cambray con mi tercio, al cual se le había dado orden que se aprestase para salir a campaña, y nosotros los soldados deseábamoslo como la salvación.

Sucedió que habiéndome nombrado de ronda a la muralla con otro alférez mallorquín, que se llamaba Juan Jul, porque estaba nuestra compañía de guarda, subimos a la muralla, donde hay muchas garitas, y llegando sobre la puerta de Perona oímos una corneta de correo que nos alegró: es a saber, que los maestros de postas dejan fuera de la ciudad seis caballos para los correos que pasan, los cuales no puede dar si no lleva el boletín del Gobernador, que se le da en una cajeta que está con unos cordeles desde la tierra a la otra parte del foso; y allí llegan los correos y dan voces a la guarda, y luego dicen ¿de dónde vienen? y si traen cartas las echan en la cajeta y con ellas van en casa del Gobernador, donde se le da el boletín y lo lleva y echa en la caja; y tirando la cuerda la toma el correo y la da al maestro de postas y le da caballos.

El correo llamó y le respondimos, ¿qué de dónde venía?; dijo que de España, que es aquel el camino. Dijímosle: ¿trae cartas para el Gobernador? Dijo no; despáchenme luego; con lo cual le preguntamos: ¿qué hay de nuevo? Respondió: esta tarde mataron al rey de Francia con un cuchillo y le dieron dos puñaladas. Con esto resolvimos que fuese yo a dar aviso al Gobernador, por ser más ligero. Llegué, que estaba acostado, y cuando le dije la nueva se espantó, porque sabía el estado y riesgo que tenían las cosas.

Dióme el boletín y fui a la muralla, y echamos en la cajeta y el correo le tomó, que estaba a pie, y no traía más de un caballo, y se fue con él de diestro camino del maestre de postas, que estaba de allí un tiro de mosquete.

Nosotros seguimos nuestra ronda, dando aviso de lo pasado en los cuerpos de guarda, que todos se espantaban. Amaneció; y de todo aquel Cambrasi, que son muchos lugares, se venían, retirando en carros la ropa para meterla en Cambray, porque decían que la gente levantada iba a saquearlos por la muerte del rey. Con que fue mentira la muerte del rey que se ha contado y a mí me daban la vaya. Pasó esto así que se ha oído, y al cabo de nueve días naturales vino un criado del Embajador don Íñigo de Cárdenas, que lo era por el rey en París, corriendo la posta, y contó la muerte como está contada, sin discrepar un punto; y como quedaba la casa del Embajador con dos compañías de salvaguardia que mandó poner la Reina porque no matasen al Embajador y a su gente, pensando era la causa.

Admiráronse del caso, y mandando llamar al maestro de postas para que dijese si había dado los caballos tal noche, dijo que no, por lo cual mandaron dijésemos nuestros dichos como lo dijimos, y se creyó que aquel correo había sido algún diablo o algún ángel.

Nosotros salimos a campaña y estuvimos en ella hasta septiembre, que nos retiramos, y pedí licencia al Archiduque, por saber que en Malta había Capítulo general, donde pretendía tener algún fruto de mis trabajos, como lo tuve.

Dióme licencia, y por no tener caudal con que ir en un caballo con un criado o solo, me vestí en hábito de peregrino a lo francés, que hablaba bien la lengua. Metí en el cordón una espada y mis papeles en un zurrón, y comencé a caminar; pasé por una villa que llaman Creu, que está entre Amiens y París, donde estaba el Príncipe de Condé con la Princesa, que ya se había retirado sin miedo. Pedíle me hiciese merced de una carta para el Maestre de Malta; diomela, que era tan larga y angosta como un dedo, y más 300 reales. Pasé mi camino, entré en Borgoña y llegué a una ciudad que se llama Jalón y pasa un río por las murallas. Estaba cerrada la puerta del camino por do venía yo y fue menester ir costeando el río para entrar por otra, y como curioso iba embebecido mirando la fortificación. Repararon en ello, y al entrar por la puerta cogiéronme. Yo, como no había hecho nada, no quería soltar el bordón, forcejeando, y ellos diciendo: el bugre español, espión, que no podemos encubrirnos aunque más hagamos. Con la fuerza que hacíamos se desencajó el bordón y vieron la espada, con que acabaron de creer era espía. Lleváronme a la cárcel, donde trataron de darme tormento, y hubo pareceres me ahorcasen, pues me cogían con las armas encubiertas. ¿que qué más prueba? Yo mostraba mis papeles y licencia del Archiduque; ni por esas; tanto que un español que estaba allí casado por no poder estar en los estados del rey a causa de ser de los amotinados de Flandes que fueron dados por traidores, doliéndose de mí por español, vino y me dijo: Señor, vmd. no esté descuidado, que éstos le quieren ahorcar: mire, si quiere que yo haga algo: pensé que se burlaba, hasta que vi era de veras, y volvíame loco viniese a morir tan seco y sin llover. Díjele: Señor, aquí tengo una carta de favor que me dio el Príncipe de Condé para el Gran Maestre de Malta, en que verán que voy mi camino y no soy espía. Dijo: démela vmd. ¡Cuerpo de Dios! Era tan chiquilla que casi no la hallaba, y tomóla y llevó al Magistrado. Yo quedé tan desconsolado como se deja pensar, y de allí a una hora oí gran tropel en la cárcel, que pensé venían por mí para ejecutar su crueldad, y irás que sentía una voz en que decía: ¿Du eté lo español?, que quiere decir: ¿dónde está el español?; llamadlo. Yo fui y estaba todo el Magistrado; y me dijeron en francés: venid con nosotros; y me llevaron a una hostería, donde mandaron me regalasen bien. Hízolo el huésped, que no era más hereje que Calvino. A otro día me dieron dos caballos ligeros para que me acompañasen hasta León de Francia y otro caballo para mí, que no gasté blanca hasta llegar allí, comiendo bien.

En León me entregaron al gobernador. Hizo lo mismo; que después de regalado en una hostería me sacaron otros dos caballos ligeros hasta ponerme en tierras del duque de Saboya, que fue Chamberí. Pasé mi camino y de allí tomé la derrota de Génova, donde me embarqué para Nápoles y de ahí para Palermo donde estaba por virrey el duque de Osuna a quien hablé y mando darme cien ducados de ayuda de costa, porque vio traía licencia. No faltó quien me dijo que me había mandado prender por las muertes pasadas, y sin saber si era verdad, como no lo fue, me embarqué y fui a Malta, donde fui muy bien recibido, y al punto me enviaron adelante en una fragata a tomar lengua, mientras nuestra armada iba a los Querquenes en Berbería, que fue el año de 1611.

Tercera jornada. Hice mi viaje y traje relación verdadera. Túvose Capítulo general en el cual me recibieron en el Priorato de Castilla, sin tener obligación de hacer las pruebas necesarias para ello, sin haber voto en contrario de todo el Capítulo, con ser más de 200. Hice mi año de noviciado y acabado me dieron el hábito, aunque me contradecían algunos caballeros que tenía dos homicidios públicos, y no obstante hice profesión, porque el Gran Maestre lo ordenó. En el año de noviciado tuve una pendencia con un caballero temerario, en condición italiano. Fue por volver por otro que me había hecho bien. Tiráronme dos pistoletazos y no me hicieron mal. Pedí licencia para España. Vine en las galeras de la Religión hasta Cartagena sin gastar en comer nada, en compañía del caballero por quien reñí la pendencia, que decir toas las circunstancias sucedidas no habría papel en Génova.

Llevóme hasta Madrid este caballero, donde me dejó y yo quedé con mi hábito puesto, que todos me daban el parabién, unos de envidia, otros de amor.

Pedí en el Consejo una compañía y enviáronme a servir a la armada Real, donde estuve en las ocasiones que hubo hasta que volví a la Corte con licencia; y en este tiempo me aficioné de una mujer casada, que fuimos amigos algunos días; y otra a quien yo conocía, también casada, traíame en cuentos de celos, tanto que me obligó a hacer una ruindad, que por tal la tengo. Y es que fui a su casa delante de su marido con resolución de cortalla la ira; saqué la daga para hacello; ella que me vio resuelto tapola bajó la cabeza metiéndola entre las piernas. Yo me vi mohíno y alcéle las faldas, que estaba a propósito, y dila en las asentaderas dos rebanadas como en un melón. El marido tomó la espada y salió tras mí, que era en la tienda donde trabajaba, que era oficial, y como hay tanta justicia en Madrid, luego cargó a prenderme. Yo me metí en una casa, donde me hice fuerte a la puerta y no dejaba entrar alma sino era por la punta de la espada. Había justicia de la villa y Corte, y mientras más tardamos más venía, tanto que llamaron uno de los señores Alcaldes de Corte que era don Fulano Fariñas y llegado con gran tropa de alguaciles me dijo quitándose el sombrero: suplico a vmd. meta la espada en la cinta. Repondile: pídemelo vmd. con tanta cortesía, que aunque me hubieran de cortar la cabeza lo haré; como lo hice, y dijo: jure vmd. sobre esa cruz de no hacer fuga y venirse conmigo. Respondí: quien ha hecho lo que vmd. le ha mandado no ha menester; guíe vmd. donde fuera servido; y yéndonos mano a mano llegamos a la cárcel de Corte y dijo: Vmd. quedará depositado hasta que se dé parte a la Asamblea y a su alteza el Príncipe Gran Prior; ¡ola! decí que se le dé un aposento, el mejor que hubiese, y quédese con Dios, que esta noche vendré a ver a vmd.

El alcaide me dijo: si vmd. quiere estar con unos caballeros genoveses en su aposento, estará con compañía. Dije que si y subió y se lo dijo, que lo hicieron de buena gana.

Yo avisé al punto al secretario de mi Asamblea, aunque ello; sabían ya. Los genoveses me dieron de cenar y mandaron hacer una cama en el suelo, no mala, y a las doce de la noche vino el caldo a dar tormento a un ladrón y de camino me tomó la confesión, a cual le respondí que bien sabía su merced que el día que había tomado el hábito y hecho profesión, me había despojado mi libertad y que así no la tenía para pisar delante su merced; que antes le suplicaba me remitiese al Príncipe Gran Prior como mi juez. Dijo: dígalo con apercibimiento de no sé qué, y dije: lo que he dicho, digo y lo firmo de mi nombre. Esta fue mi confesión, con que el señor Alcalde se fue, y yo acostar.

A la mañana vino el Alcalde con mucha prisa a que me vistiese, que toda la sala me aguardaba. Respondí que los señores no eran mis jueces y que así no quería ir. Fuélo a decir y mandaron subiesen ocho galeotes y me trajesen con cama y todo a la sala, que al punto se ejecutó, y plantáronme en ella como estaba en mi aposento. Comenzaron a decir lo que suelen en aquel tribunal; yo respondí una palabra que les obligó a mandar que me llevasen a un calabozo, y al pasar por los corredores encontré con dos caballeros de mi hábito y el fiscal que venían con orden de la Asamblea a pedirme. Entraron en la sala y cerrados todos ordenaron fuese un Alcalde a hacer relación al Consejo. Fue uno que se llama Fulano de Valenzuela y subió al rey y volviendo a las doce del día, que no visitaron a nadie, trujo un decreto que tengo yo el tanto dél.

Dice: «Remítase el Alférez Alonso de Contreras al Príncipe Gran Prior mi sobrino, con todo lo que hubiese escrito original, advirtiendo primero que se sepa si es profeso, y siéndolo quede un tanto de la carta de profesión en poder de los Alcaldes.» Con esto vino y me llamaron, que ya estaba yo vestido y preguntaron por la carta de profesión. Envié por ella y registrándola me entregaron a los caballeros y llevaron a la cárcel de la Corona, donde estuve hasta que la Asamblea me desterró por dos años, y me fui a servir a la armada y estuve hasta que torné a pedir licencia para la Corte a pretender una compañía.

Salió una elección de cuarenta capitanes y no me tocó la suerte. Salí de Madrid con resolución de irme a Malta, que me parecía que allí podría medrar. Topé un caballero que iba a Malta y venímonos juntos. Llegamos a Barcelona y embarcámonos para Génova y después de llegados a aquella ciudad nos partimos para Roma por tierra, que llegamos en breve tiempo. Aquí me sucedió un trabajillo y fue que yo andaba malo de unas tercianas y aunque las pasaba en pié un día fuime en casa de unas mujeres españolas a entretener el tiempo. Llegaron dos gentiles hombres italianos y subieron arriba, porque les abrió la criada sin que yo ni las amas lo supiesen, y entrados en la sala me preguntaron qué hacía allí. Respondí que hablando con aquellas señoras de la tierra, que éramos paisanos. Dijéronme secamente: anda, vete. Parecióme que era menoscabo el irme de aquella manera y no me di por entendido, hablando con la una de ellas. Tornáronme a decir: aguarda que le echemos por la escalera abajo; yo ya no podía sufrir más y levanté la espada que traía en las manos como enfermo y di sobre ellos, que todos dos rodaron las escaleras y uno mal descalabrado; a las voces cargaron los esbirros, que en aquella ciudad hay muchos, y metiéndonos a todos en una carroza nos llevaron en casa del Gobernador, donde contado el caso, las mujeres y ellos mismos me mandaron les diese la mano y con esto nos fuimos cada uno a su casa.

Estos hombres no teniendo ánimo de matarme se aunaron con mi huésped y dijeron que me dijese si quería sanar de aquellas tercianas, había un médico que en cuatro días lo haría sin llevar dinero hasta sanarme. Yo, deseoso de la salud, dije que le trajese y a otro día entró el huésped y dijo que allí estaba. Entró; era un hombre vestido de clérigo y visitóme preguntándome del mal. Díjeselo y respondió: en cuatro días daré sano a vmd. y quédese con Dios que mañana volveré; no se levante de la carpa. Fuese y díjome el huésped: es el mejor médico de Roma y lo es del Cardenal de Joyosa. Aguardé a otro día que vino el buen médico o diablo y sacó una redomica de vino tinto y un papel con unos polvos y pidiendo un vaso echó muchos de ellos dentro y vino de la redoma y revolviéndolo me dijo: bébaselo v.ª s.ª Hícelo y acabado de beber me dijo que me arropase, que ya quedaba sano. Fuese y dentro de medio cuarto de hora se me comenzaron a ligar los dientes y las entrañas, que reventaba, pidiendo confesión y echando por arriba cuanto tenía, y por abajo tinta negra. Mi camarada el caballero fue corriendo en casa del Embajador de España y llamó al Doctor, que era un portugués que vino al punto, y contado lo sucedido y visto lo echado por arriba y por abajo ordenó remedios con que atajó, aunque con trabajo, tanto mal; que después dijo que para que se viese la gran robustez de mi estómago quería dar ahora a una mula tanto como cabía en una cáscara de nuez y que había de reventar en una hora, y a mí me habían dado una cucharada de plata colmada.

Continuó hasta dejarme bueno y queriendo prender [al médico] el huésped dijo que no le conocía sino que él había venido a casa a ofrecerse y decir que era doctor del Cardenal de Joyosa y que lo había hecho por mi bien, que nunca pareció ni volvió tal médico, con que creí había sido enviado de los dos que rodaron la escalera; con lo cual lo dejamos y estando bueno me partí para Nápoles con mi camarada y de allí a Mesina y de allí a Malta.

Capítulo XII. Cómo llegado a Malta volví a España y fui
capitán de infantería española y otros sucesos
Donde hallé unas cartas de España y eran del rey: la una para el Gran Maestre, en que le mandaba me diese licencia para ir a levantar una compañía de infantería española que me había tocado en una leva de ocho capitanes que se habían proveído. La otra era para mí del señor Bartolomé de Anaya,

que lo era de la Guerra, avisándome de la provisión. Tratóse de mi partida, que fue dentro de quince días, y de camino me encomendó el Maestre pasara por Marsella a dar aviso a dos galeras de la Religión para que pasasen con todo secreto a Cartagena, a embarcar 200.000 ducados de la Religión de sus despolios.

Pasé a Barcelona y a Madrid, todo en veintisiete días desde Malta, y cuando llegué ya habían salido las Compañías a levantar, y la mía había ido a Osuna a levantarla un primo mío alférez de Flandes, que no habiéndole tocado compañía quería levantar la mía en mi nombre con título de Alférez, y que si no viniese a tiempo de la embarcación, por estar tan lejos se quedase con ella. Hízolo el Consejo; pero yo me di tan buena maña que llegué antes de la embarcación más de cuatro meses, que era para las islas Filipinas. Partime de Madrid para Osuna, donde entré por la posta con mis despachos que me dieron en Madrid, y cuando me vio el primo se quedó muerto, que se tenía por capitán.

Hablámonos; yo ofrecile todo lo que de un buen amigo y deudo; dijo que quería ir la jornada: yo lo estimé, más no sabía su intención dañada, pues engañó a un pajecillo de jineta que tenía y redució a que me diese solimán para matarme. Y la primera vez me lo echó en dos huevos pasados por agua sin cáscara y los polvoreó de solimán y azúcar; yo los migué con pan como era sólito y comí. Ya que había pasado una hora comencé a basquear, que me moría; comencé a trocar; llamaron los médicos, mandaron confesarme al punto y pensaron me moría aquella noche, que daba lástima a todo el lugar.

A medianoche me dieron un cordial rico y en él me echó el muchacho que fue por él 10 maravedís de solimán, conque al beberlo me hizo en la garganta cuatro llagas y no lo pude acabar. Los médicos se volvían locos y fueron a la botica a preguntar qué habían echado: dijo que lo recetado. Diéronme con qué trocar, pero no era menester, que la naturaleza lo hacía sin remedios, que fueron los verdaderos remedios. Amaneció y vino el Gobernador a verme y lo mejor del lugar y mandó me hiciesen la comida en su casa y mandó prender a una mujer que estaba en casa sin que yo lo supiera. Llegó la hora de comer y fue el muchacho por la comida y echó dentro otro papel de solimán.

Comí y luego me dieron las bascas ordinarias, que pensaban eran de lo atrás, y troqué toda la comida, que no estaba un punto en el cuerpo.

Había un soldado que se llamaba Fulano Nieto, que me quitaba las moscas, que era por agosto, y estaba algo malillo de las partes bajas y dijo: den eso que ha sobrado a Nieto, que bien lo puede comer aunque sea viernes; el pobre se lo comió y a las cinco de la tarde ya estaba muerto.

A todo esto no había entrado a verme mi pariente el alférez y el chiquillo fue en casa de un alcalde, a quien había yo dejado el desapropiamiento de la ropa que tenía, que es como testamento, y tenía la llave del baúl y dijo: Señor, dice mi amo que me dé vmd. la llave para sacar una cuenta de perdones que hay dentro, y era verdad. Diósela el alcalde y sacó seiscientos reales y una cruz de Malta grande que pesaba 250 [¿quilates?] y mediase ligas y bandas, y no pareció en todo aquel día hasta que vino el alcalde a verme y dijo cómo me sentía.

Preguntó por la cuenta para saber las indulgencias que tenía. Dije: ¿qué cuenta? Respondió: vmd., ¿no envió por la llave del baúl al paje para sacarla? Dije, no señor. Pues yo se la di, dijo. Fuéronle a buscar y halláronle en casa de un arriero que tenía concertado para irse a Sevilla. Trajéronle delante de mí y preguntando por la llave del baúl, la sacó y abriéndole hallaron menos lo referido. Preguntéle dónde tenía lo que faltaba de allí, dijo que escondido. Fueron con él y trájose todo menos 26 reales; que dije yo, búsquenle esas faldiqueras; y haciéndolo le hallaron un papel con solimán y abriéndole dijo la huéspeda, ¡ay, señores!, que esto es el rejalgar que daban al señor capitán; y reconocido que era solimán le dije: ¡traidor!, ¿qué te había hecho yo que me has querido matar con este solimán? Respondió ese papel me le hallé en la calle; yo dije al alcalde: Señor, envíe vm. por el verdugo; que éste dirá la verdad. Respondió el alcalde: más vale que lo llevemos a la cárcel y que jurídicamente se haga proceso y dé tormento y sabremos quién es la causa. Parecióme muy bien y llamé al alférez, que no le había visto en dos días, y mandé que con cuatro soldados llevase a la cárcel aquel muchacho y estuviese porque temía. Hízolo, y como era la causa del mal, llevóle por la iglesia de Santo Domingo y aconsejó se metiese dentro, como lo hizo, y aconsejó a los frailes no lo entregasen porque lo ahorcaría luego el capitán. Los frailes lo hicieron y enviaron aquella noche a Sevilla.

Como faltó la causa del solimán fuime curando, que quiso Dios guardarme para lo que él sabe. Sané y levantéme con gusto del pueblo y determinéme el ir a Sevilla con seis soldados; y en ella hice diligencia de buscar al muchacho, que con facilidad lo hallé y traje a Osuna, que lo deseaban para darle un castigo ejemplar. Hízose la causa, púsose a cuestión de tormento. Confesó haberlo hecho por orden del alférez, ofreciéndole grandes dádivas. Quisieron ahorcarlo pero no le hallaron con edad y así le dieron cien azotes en la cárcel a un poste y cortaron los dos dedos de cada mano con que polvoreaba el solimán.

En la confesión que yo hice en el artículo de muerte ofrecí a Dios delante el confesor de perdonar a quien hubiera sido la causa de mi muerte, que la tal palabra me le pedía el confesor sabiendo que era el alférez, a quien el Gobernador quiso prender, mas no lo consentí yo, y así le envié a llamar al punto que el muchacho confesó y dije: vmd. se vaya con Dios y no pregunte la causa y si ha menester algo dígalo, que se lo daré. Quedóse muerto y fuese dentro de una hora pareciéndole no me arrepintiese. Supe después se había ido a las Indias, que nunca más ha parecido en España. Con todo quedé por más de dos años casi tullido de los dedos de los pies y manos, que siempre me hormigueaban, además de haberme quitado la fuerza que tenía.

Dijeron los médicos que el no haberme muerto fue el estar el estómago habituado del veneno que me dieron en Roma tan poco tiempo había.

Vino el comisario: tomó muestra a mi compañía y marchamos la vuelta de Sanlúcar donde estaba la armada aprestada que había de ir a Filipinas. Tocóme embarcar en el galeón la Concepción por cabo de tres compañías que iban dentro.

Salimos de Sanlúcar la vuelta de Cádiz para de allí hacer la partencia a Filipinas. En este tiempo vino orden del rey para que no fuésemos sino que nos incorporásemos con la armada Real y los galeones de la plata y todas las galeras de España y fuésemos a Gibraltar, adonde decían iba a posar una armada de Holanda. Iba el Príncipe Filiberto por general de todo.

A la entrada de Cádiz hay un escollo debajo del agua catorce palmos, que llaman el Diamante, en el cual se han perdido muchos navíos y yo como más desgraciado topé con él y perdime a vista de toda la escuadra. No se ahogó nadie porque me socorrieron todas las chalupas de la armada y el señor Marqués de Santa Cruz con su capitana.

Mandó el Príncipe que me prendiesen; lleváronme al galeón en que anduve embarcado toda aquella jornada, aunque no saltaba en tierra, hasta que en el Consejo de Guerra me libraron viendo no tenía yo culpa. Anduvimos de Gibraltar a cabo Espartel con algunos navíos de la armada en aquel estrecho, más de tres meses, aguardando la armada que jamás vimos. Esto fue por enero de 1616 y por marzo y abril vino orden de que se deshiciese aquella armada, como se hizo, y en particular la que había de ir a Filipinas donde era harto menester. Mandóse que los seis galeones se agregasen a la armada Real y que la infantería, que era la mejor del mundo, pasase a Lombardía a cargo de don Carlos de Ibarra que la llevó. Era Maestro de Campo de estos dos mil y quinientos hombres don Pedro Esteban de Ávila y yo quedé en España con otro capitán, por venir la orden en esta forma en un capítulo de carta escrita al Marqués de Santa Cruz, del rey.

Por cuanto conviene a España reforzar los tercios de Lombardía, será bien que pase el de don Pedro Esteban de Ávila que había de ir a Filipinas, no dejando los doscientos hombres que nos había parecido con los capitanes prácticos de la navegación, que son Contreras y Cornejo, que pueden quedarse para levantar gente de nuevo para ese efecto.

Con esto nos quedamos y fuimos a la Corte con orden del marqués, donde nos detuvieron más de seis meses, hasta que se me ordenó que fuese por la Junta de guerra de Indias a Sevilla luego, que en el camino me alcanzaría orden de lo que había de hacer. Llamóme el presidente don Fernando Carrillo, que lo era de aquel Consejo, y mandándome dar quinientos escudos, aquella tarde tomé mulas para Sevilla, donde partí.

En Córdoba me alcanzó un pliego en que se me ordenaba me viese con el presidente de la contratación de Sevilla; hicelo en legando, el cual me mandó que me partiese a Sanlúcar, que el duque de Medina me daría la orden. Vime con su Excelencia y de secreto me ordenó pasase a Cádiz con una orden al Gobernador de aquella ciudad, y que a las nueve de la mañana estarían allí dos galeras para embarcar la infantería.

Vime con el Gobernador de Cádiz al cual se le ordenaba que tocase cajas para socorrer las Compañías que tenía allí de las flotas, y que en estando en la casa del rey recogidas embarcase número de doscientos hombres a mi satisfacción en las dos galeras y me los entregase sin oficiales ningunos mayores, digo el capitán, alférez y sargento. Hízose con el secreto que se requería por que no se embarcara uno tan solo, porque estos soldados de este presidio y flotas son los rufianes de la Andalucía madrigados.

Partíme para Sanlúcar donde tenía prevenidos el duque dos galeones de 400 toneladas, con su artillería y bastimentos necesarios, además de los pertrechos que se llevaba de pólvora y cuerda y plomo para la plaza que se iba a socorrer.

Llegué a Sanlúcar, mandóme el duque embarcar la infantería en los galeones, hícelo metiendo en cada uno ciento, que se vieron como asaltados sin saber lo que les había sucedido.

Llegó el otro capitán de la Corte para el otro galeón y embarcámonos para hacer nuestro viaje que era ir a socorrer a Puerto Rico en las Indias, que se decía estaba sitiado de holandeses. Estuve aguardando el tiempo en los Pozuelos que llaman junto a la Barra, y los soldados, como todos eran forzados y dejaban las amigas de tantos años y eran los oficiales de la muerte de la Andalucía, casi hacían burla de mí porque diciendo: EA, señores, abajo que es ya noche, respondían: ¿somos gallinas que nos hemos de acostar con día? aquiétese su ánima. Yo me veía atribulado y no dormía pensando cómo se había de hacer este viaje, porque sino eran quince marineros y seis artilleros no tenía de mi parte otra gente, que todos los cien soldados eran enemigos, y así me valí de la

industria, y poniendo los ojos en uno de los que me parecía
más valiente y a quien ellos tenían respeto, que también entre
ellos hay a quien obedezcan los valientes, y llamándole dije:
ah señor Juan Gómez, venga acá, y metíle en la cámara de
popa y dije: ¿Cuánto hace que sirve al rey? Dijo, habrá cinco
años, en Cádiz y en Larache, de donde me huí, y un viaje de
flota. Respondí: cierto que le he cobrado afición y que me
pesa no tener una bandera que le dar: quedó muy pagado de
esto y dijo: otros lo hicieran peor que no yo. Yo le dije, pues si
quiere ser sargento de esta Compañía váyase a tierra y siente
la plaza, y sino tiene dinero para comprar una alabarda, yo
se lo daré. Dijo: aún tengo cincuenta pesos ya que vmd. me
honra; es a saber que había hombre que por que le dejasen
ir a tierra daba doscientos reales de a ocho. Dile un papel
para el contador y dije: vaya vmd. que escalón es para ser
alférez, y mire que me fío de vmd. Embarcóse en la barca y
fue a tierra y sentó la plaza y volvió al punto con su alabarda.
Cuando los valientes le vieron sargento dieron su negocio por
acabado, y ejecutando lo que tenían determinado y llamando
al sargento en la cámara le dije: ya vmd. es otro de lo que era,
porque siendo oficial cualquier delito es traición lo que no es
en el soldado. Dígame por vida del Sargento quien de estos
son los más perniciosos y valientes. Dijo, calle vmd., que son
unos pobretes: solo Calderón y Montañés son casi hombres
de bien. Dije, pues a la noche, cuando los mandemos recoger,
hállese ahí con su espada desnuda. ¿Para qué, señor? que,
¡voto a Cristo! con un garrote basta. No, dije yo, que a los
soldados no se les castigan con palo sino con espada cuando
son desvergonzados. Vino la noche y dije como era sólito: ea,
señores, abajo que es ya hora. Respondieron con la insolencia
ordinaria: aquiétese su ánima. Yo que estaba cerca de Calderón alcé y dile tan gran cuchillada que se veían los sesos

y dije: ¡Ah, pícaros insolentes! ¡Abajo! En un punto estaba cada uno en su rancho como unas ovejas. Decíanme, señor capitán, que se muere Calderón; confiésenlo, y échenlo a la mar decía yo; y por otra parte, que le curasen. Hice al punto echar en el cepo al Montañés, con que quedó esta gente tan sujeta que aun echar, ¡voto a Cristo! no se echó en todo el viaje, porque el que le echaba, le hacía estar en pié una hora con un morrión fuerte que pesaba treinta libras, en la cabeza, y con un peto que pesaba treinta.

Avisé al otro capitán hiciese lo mismo, aunque como supieron lo sucedido en mi galeón se deshizo el consejo que tenían, que era saliendo del puerto embestir en tierra en Arenas Gordas y huirse todos, y si se lo impidiera yo, matarme.

Capítulo XIII. En que cuenta el viaje que hice a las
Indias y los sucesos dél

Salí del puerto y navegué cuarenta y seis días sin ver más tierra que las Canarias. Llegué a las islas de Matalino, hice agua allí, donde vi algunos indios salvajes, aunque con la comunicación de las flotas se aseguran a bajar; pero ninguno de los nuestros no, porque han cogido algunos y se los comen. Pasé la vuelta de mi viaje disminuyendo altura y llegué a las Vírgenes Gordas que son otras islas deshabitadas. Fuime la vuelta del pasaje de Puerto Rico que es un canal angosto donde ordinario están cosarios ingleses y holandeses y franceses. Llegué de noche y fui en persona a reconocerle con una barca bien armada, dejando los galeones fuera del canal, que es corto y en el hay dos puertos muy buenos. No hallé bajel ninguno y atravesé amaneciendo casi a la boca de Puerto Rico y arbolando mis banderas entré que fui muy bien recibido de don Felipe de Biamonte y Navarra gobernador de aquella isla.

Díjome era milagroso no haber encontrado con Guatarral, cosario inglés que andaba por allí con cinco navíos, tres grandes y dos chicos, y que cada día le molestaba. Desembarqué la pólvora que dijo era menester y cuerda y plomo y algunas armas de fuego, con que el buen gobernador quedó contento. Pidiome cuarenta soldados que le dejase para reforzar el presidio, que en mi vida me vi en más confusión, porque no quería quedar ninguno y todos casi lloraban en quedar allí, y tenían razón, porque era quedar esclavos eternos. Yo les dije, hijos, esto es forzoso el dejar aquí cuarenta soldados, pero vmds. se han de condenar a sí mismos, que yo no he de señalar a naide ni a un criado que traigo, que si le toca ha de quedar.

Hice tantas boletas como soldados y entre ellas cuarenta negras, y metiéndolas en un cántaro juntas y revueltas iba llamando por las listas y decía: vmd. meta la mano y si saca negra se habrá de quedar. Fuéronlo haciendo así y era de ver que cuando sacaban negra, como se quedaban últimamente, viendo la justificación y que era forzoso se consolaron y más viendo que le tocó a un criado mío que me servía de barbero, el cual quedó el primero.

En este puerto había dos bajeles que habían de ir a Santo Domingo, que es la corte de las islas españolas, donde hay presidente y Oidores y la tierra primera que pisaron españoles. Eran los navíos españoles; habían de cargar cueros de toros y jengibre que hay en cantidad y fuéronse conmigo. Llegué al puerto de Santo Domingo, que fui bien recibido, y comencé a poner en ejecución un fuertecillo que llevaba orden de hacer a la entrada del río.

De allí a dos días vino nueva como Guatarral estaba dado fondo con sus cinco bajeles cerca de allí. Traté con el presidente de ir a buscallos y parecióle bien, aunque los dueños de los navíos se protestaban que si se perdiesen se los habían de pagar. Armé los dos que traje de Puerto Rico y otro que había venido de Cabo Verde cargado de negros, y con los míos salí del puerto como que éramos bajeles de mercaduría, camino de donde estaban, y como el enemigo nos vio, hice que tomásemos la vuelta como que huíamos. Cargaron velas los enemigos sobre nosotros que de industria no huíamos y en poco rato estuvimos juntos. Volviles la proa y arbolé mis estandartes y comenzamos a dalles y ellos a nosotros. Eran mejores bajeles a la vela que nosotros y así cuando querían alcanzar o huir lo hacían, que fue causa no se me quedase alguno en las uñas. Peleóse y tocóle al almirante dellos el morir de un balazo y conocieron éramos bajeles de armada, y no mercantes, que andábamos en su busca, con lo cual se fueron y yo volví a Santo Domingo, donde acabó la fortificación y me partí a Cuba, donde hice otro reductillo en cuatro días; quedaron diez soldados.

En Santo Domingo había dejado cincuenta soldados y los tres bajeles, que ya no traía más que el uno; pero bien armado. Cuba es un lugar en la isla de Cuba que es la en que está fabricada La Habana y el Bayamo y otros lugares que no me acuerdo.

Salí de Santiago de Cuba y en la isla de Pinos topé un bajel dado fondo. Peleé con él muy poco; era inglés, de los cinco de Guatarral. Díjome como se había ido y desembocado la canal de Bahama y que le había muerto a su hijo que era Almirante y otras trece personas, y que de temor se había ido a Inglaterra con algunas presas que llevaba. Avisé al presidente dello y al Gobernador de Puerto Rico porque no estuviesen con cuidado. Tenía este bajel palo del Brasil dentro y alguna azúcar que había tomado. Eran veintiún ingleses; trújelos a La Habana donde estuvieron hasta que llegó la flota y los llevó a España.

Entregué los pertrechos que me habían quedado y la infantería a Sancho de Alquiza, capitán general que era de aquella isla y todos los lugares della, y en la flota que vino a España me vine con don Carlos de Ibarra que era general della el año de 1618. Fui y vine el de 19.

Llegué Sanlucar y pasé a Sevilla, donde topé enfermo al señor Juan Ruiz de Contreras que estaba despachando una armada para Filipinas y luego al punto que llegué, me dijo tenía orden del rey para que le asistiese; hícelo y enviome al punto a Borgo, que es donde se aprestaban seis galeones grandes y dos pataches. Trabajé conforme la orden que me dio hasta que los bajé abajo a Sanlucar fuera de carenas, que es decir despalmados; metiéronse bastimentos y la artillería necesaria y la infantería, que eran más de mil hombres, harto buenos, sin el marinaje y artilleros. Era general de esta armada don Fulano Çoaçola del hábito de Santiago, que iba de mala gana como toda la demás gente, y así tuvieron el fin, porque a trece días después de partidos con buen tiempo de el puerto de Cádiz les dio una tormenta que vinieron a perderse a seis leguas de donde salieron. Díjose, por cierto, que fue causa el Almirante, que no era marinero ni había entrado en la mar jamás. Llamábase Fulano Figueroa y después para enmendallo le hicieron Almirante de una flota por sustentar el yerro primero.

Embistió en tierra la Capitana y Almiranta en un mismo paraje y de la Capitana no se salvó una astilla con ser un galeón que era de más de 800 toneladas y cuarenta piezas de bronce gruesas. Ahogóse el general y toda la gente, que no se salvó más de cuatro personas. Del Almiranta se salvaron casi todos y el galeón no se deshizo tan presto porque dio en más fondo: los otros corrieron al estrecho y se perdió otro en Tarifa y otro en Gibraltar y otro en cabo de Gata. Los dos pataches se salvaron. Este fin tuvo esta armada, y para aderezallo, como si yo tuviese la culpa me enviaron con dos tartanas a Tarifa o su playa por treinta piezas de bronce que habían sacado del galeón que se perdió, y se supo estaban dos galeones de Argel para querer embarcar la artillería; mas la gente de tierra no se lo consentía, y llegado con mis dos tartanas embarqué las piezas; y llevaba orden que si los enemigos me apretasen a que me rindiese, si llegaban a pelear conmigo, me fuese a fondo con toda la artillería, porque no se aprovechasen de ella, y ordenase a la otra tartana hiciese lo mismo. Yo me vine tierra a tierra y los enemigos a la mar, con que no pudieron hacerme mal y traje la artillería en salvamento.

De allí a pocos días llegó a Cádiz nueva como la Mámora quedaba sitiada por mar y por tierra, con treinta mil moros por tierra, y que la habían dado tres asaltos, y por la mar había veintiocho galeones de guerra para estorbar el socorro de turcos y holandeses.

Mandó el duque de Medina Sidonia se proveyese luego socorro y el señor don Fadrique de Toledo se aprestó al punto con los galeones de su armada, pero no tuvo tiempo para hacer el viaje y así aprestaron dos tartanas con pólvora, cuerda y balas, que era de lo que carecían, pues habían quemado hasta las cuerdas con que sacaban agua de los pozos o cisternas y las con que tenían los catres, que son las camas en que duermen los soldados; y habiendo visto yo como se habían de enviar aquellas tartanas y que a los capitanes del presidio les habían mandado escoger alguna gente de la más granada de sus campañas y no había ninguno ofrecídose, llegué al duque y dije, señor, suplico a V. E.ª me dé este viaje y por esta merced póngame en el rostro una ese y un clavo. Estimolo y mandó que fuese. Como vieron los capitanes del presidio que se me había dado a mi fueron al duque y dijeron que aquello tocaba a un capitán de ellos por estar a orden de Su Excel.ª y no a mí que no lo estaba y que estaba allí al apresto de la armada de Filipinas. Súpelo yo y dije públicamente que aquello se me había dado a mí habiéndolo pedido después que les avisaron a ellos para que aprestasen alguna gente de sus compañías, y que no habiendo quien lo pidiese lo pedí yo: que capitán era de infantería y más antiguo que algunos: que al que le pareciese otra cosa lo aguardaba en Santa Catalina para matarme con él; y caminando hacia el puesto señalado vino un ayudante de parte del duque, que me llamaba. Volví y mandóme trajese una licencia del señor Juan Ruiz de Contreras a cuya orden estaba, y traída me dieron la orden de lo que había de hacer, y en particular, que con mi buena fortuna, Dios mediante, metiese aquel socorro o me dejase hacer pedazos.

Capítulo XIV. Cómo socorrí la fuerza de la Mámora y
otros sucesos

Partí y medí el tiempo, que hay 42 leguas, de suerte que me amaneció en medio de los veintiocho bajeles. Tuve tan buen tiempo, de suerte que como lo pensé me sucedió. Juzgué que la armada del enemigo había de estar dada fondo por lo menos una legua a la mar por estar largos de la artillería y porque aquella barra es brava y levanta tantos golpes de mar, que a la legua que yo digo comienzan a hacer escala; y hallándome yo al amanecer en medio de ellos iba mi camino hacia dentro, que las escalas de los golpes de mar me iban entrando, y si alguno se determinaba a seguirme era fuerza que entrase tras mí en el río o diese a través en la playa; pues fue como lo he dicho, que cuando me vieron ya no pudieron remediarlo sino fue tirarme algunos mosquetazos y cañonazos que fueron pocos, porque el tiempo fue tan breve que no pudieron hacer mal.

Entré, que fui la paloma de el diluvio: diéronme mil abrazos el buen viejo Lechuga que era gobernador de aquella plaza y la había defendido como tan valeroso.

Comenzóse a desembarcar los pertrechos y los navíos a zarpar, pareciéndoles que la armada Real estaría con ellos presto; y pensaban bien, que estuvo a otro día en la tarde allí. Yo me fui a comer con el gobernador y estándolo haciendo tocaron arma, y avisado lo que era dijeron que seis matasietes que venían de paz. Mandó los abriesen y llevasen a la casa de un judío que hay allí intérprete, que era sólito el ir allí y les daban de comer y tabaco en humo, que así los hallé yo. Estos matasiete son sus nombres así por ser caballeros, y lo parecían, porque les vi muy lindos tahalíes bordados y muy lindos borceguíes y buenas aljubas y bonetes de Fez diferente que los trajes de aquellos moros. Ordenó el Maestro de Campo Lechuga fuesen subiendo toda la pólvora y cuerda por delante de la casa donde estaban los moros, y así mismo los soldados que traje, que estaban con buenos vestidos y los de allí en cueros.

Fuimos a la casa de los moros, levantáronse y saludámonos; tornáronse a sentar y brindáronnos y bebimos, que lo beben tan bien como los ganapanes de Madrid. Comenzó a pasar los pertrechos que lo vieron bien y a los soldados.

Dijeron que venían a pedir licencia al Gobernador para irse aquella tarde siete mil de estos matasiete y que todos los de demás se irían aquella noche, que le querían por amigo y que le enviarían quinientos carneros y treinta vacas a vender, que se los comprase. Dijo que sí haría: dioles mucho tabaco que es el mayor regalo que se les puede hacer y no pueden vivir sin la Mámora; porque todo cuanto hurtan lo traen a vender allí y lo que no hurtan; dan un carnero como un buey por cuatro reales y una vaca por dieciséis y una hanega de trigo por tres reales y una gallina por medio real. Con esto se partieron y yo me apresté para partirme. Esta la Mámora es un río que a la boca de él hay la barra dicha, pero entran navíos gruesos dentro, y si los enemigos le tuvieran hicieran gran daño a España, porque 10 está más de 42 leguas de Cádiz, y como las flotas entran y salen en aquel puerto o en Sanlúcar, con facilidad podían hacer gran daño tomando los bajeles y en un día volverse a su casa sin tener necesidad de hacer navegación larga de ir a Argel y Túnez, además del riesgo que tienen de pasar el estrecho de Gibraltar. Sube este río hasta Tremecén treinta leguas arriba y es fondable por todas partes, y con la comodidad de los bastimentos tan baratos podían aprestar armada muy buena allí; que por eso los holandeses estaban tan golosos dél.

Para que se vea el mal que nos podían hacer de esta manera por ser tan fondable y lo dicho para entrar galeones gruesos, tres leguas en la misma costa hay un lugar que llaman Çalé, con una fortaleza muy buena, que son della dueños los moriscos andaluces, y hay un riachuelo que no caben sino bajelillos chicos como tartanas y pataches y con ellos nos destruyen la costa de España y no hay año que no entren en este Çalé más de quinientos esclavos tomados en bajeles de la costa nuestra que vienen de las Indias y de las Terceras y Canarias y de el Brasil y Fernanbuco, y en acabando de hacer la presa en una noche están en casa, y la hacen en la costa de Portugal en día y noche. Dirán que salgo del cuento de mi vida y meto en historia; pues a fe que pudiera meterme.

Salí aquella noche de la barra de la Mámora y amanecí en Cádiz, digo, entré antes de mediodía. Fui a Conil donde estaba el duque; convidóme a comer y sobrecomida, leyó la carta de creencia que traía del Gobernador para el rey, que se holgó en verla y dijo no perdiese tiempo en ir a Madrid. Dióme una carta para el rey y una certificación honrada, que la estimo mucho, y en un bolsillo cien doblones, que decían los criados que era la mayor hazaña que había hecho en su vida. Fui al Puerto de Santa María, donde el proveedor de las fronteras me dio ciento y cincuenta escudos para que corriese la posta, que en tres días y medio me puse en Madrid, de manera que en nueve días entré en Madrid, saliendo de España y yendo a Berbería, volviendo de Berbería a España y de allí a la Corte, que hay ciento y ocho leguas de tierra desde Cádiz. Fuime apear a Palacio y subí en cuerpo al cuarto del rey, donde salió el señor don Baltasar de Zúñiga, que esté en el cielo, y le di razón de todo y luego entré con Su Ex.ª delante del rey, e hincando la rodilla le di las dos cartas; la de creencia y la del duque. Dióselas al señor don Baltasar. Comenzóme a preguntar él rey las cosas de la Mámora. Dijo el señor don Baltasar: a él se remite Lechuga por su carta. Informé de todo que Su Majestad gustaba, y tanto, que del cordón que tenía pendiente el hábito me le asió, y dando con él vueltas me preguntaba y yo respondía; y de allí a un poco dijo el señor don Baltasar: váyase a reposar que vendrá cansado. Bajé por los patios y estaba el portero del Consejo de Estado, que era día dél, aguardándome, y llevóme adentro que los Señores estaban todos en pie. Preguntáronme el estado de las cosas, informé, quedaron satisfechos; con que me fui y puse a caballo en mis postas camino de casa de un tío que tengo en aquella Corte, correo mayor de Portugal. Reposé, que lo había menester.

A otro día vino un alabardero a mi posada de parte del Señor don Baltasar a llamarme. Fui muy contento, y aunque estaba con mucha gente que le quería hablar hicieron lugar. Sentóse en una silla y mandóme sentar en otra y preguntándome qué puestos había ocupado, porque quería Su Majestad hacerme merced, dije que había sido capitán de infantería española y que al presente estaba en el apresto de la armada de Filipinas y recogiendo los destrozos de ella, con cincuenta escudos de sueldo al mes más había de dos años.

Preguntó a qué me inclinaba y tenía puestos los ojos; dije: Señor, yo no soy soberbio por mis servicios; el Consejo me ha consultado en una plaza de almirante de una flota. Dijo: ¡Jesús, señor capitán!, darásele a vmd. al punto con una ayudilla de costa. Yo le besé la mano por ello y dijo que acudiese al secretario Juan de Ynsástigui, que él me daría el despacho. Fuime contento a mi casa y a otro día entré a buscar al Ynsástigui en la covachuela y topé con el señor don Baltasar, el que me dijo: ¿cómo va?; tome vmd. ese despacho y ese billete y tenga paciencia, que Su Majestad al presente no puede más en materia de maravedís. Yo dije: Señor, no he menester dinero si hay tanta falta; reputación busco que no dinero; y volviéndole el billete no quiso que lo dejase, estimando en mucho mi liberalidad, como lo dijo. El billete era de 300 ducados en plata doble, y el otro un decreto para don Fernando Carrillo, presidente de Indias.

Llevéle al presidente y me recibió con cara de hereje, que no tenía otra, y me despidió secamente; que a su tiempo se haría lo que Su Majestad mandaba.

Pasó uno y dos meses y no consultaba la plaza. Acudí al señor don Baltasar, diome un billete en que le mandaba an-

ticipase la consulta, porque el rey deseaba hacerme merced.
Llevéle y el buen hereje debía de estar prendado por alguno,
que consultó la plaza dejándome fuera, que luego lo supe
y sin más dilación me fui a la audiencia del rey, que entonces buscaban en los corredores quien le quisiese hablar, y
dije: Señor, yo he servido a V. M. veinticinco años en muchas partes, como parece por este memorial y por el servicio
último de haber metido el socorro en la Mamora; V.ª M.d
me hizo merced de un decreto para que me diesen la plaza
de Almirante de una flota, que por mis servicios he estado
consultado en ella otras veces, y agora, mandándomela dar
Vuesa Majestad, aún no me ha consultado el presidente. Cogió el memorial, arrebatándomele de las manos, y volviendo
las espaldas se fue y nos dejó a todos confusos, porque era
recién heredado. Fuime a consolar con el señor don Baltasar
y a darle mi queja como a mi Jefe, y estando aguardando
hora llegó el presidente con su cara dicha, que alguna píldora
traía o le habían enviado de arriba; y entrando me entré con
él, aunque no me dejaba el portero o un gentilhombre que
estaba allí. Dije: déjeme vmd. que vengo a lo que el señor
presidente. Entré y estaba el señor don Baltasar con el conde
de Monterrey, mi Señor, y un fraile dominico hijo del conde
de Benavente, y el señor don Baltasar en medio de la sala en
pié con el presidente. Me arrimé y dije: Suplico a V.ª Ex.ª pregunte al señor presidente si tiene satisfacción de mi persona.
Respondió con las manos abiertas: Señor, que es muy honrado soldado y le enviamos a Puerto Rico y lo hizo muy bien.
A esto le dije yo: pues si soy tan honrado, ¿por qué V.ª S.ª
no me consultó habiéndolo mandado el rey, y intervenido su
Ex.ª con otro papel?; dijo: otra vez Señor; ya está todo hecho;
y dije yo entonces: no le crea V.ª Ex.ª que le está engañando
como me engañó a mí. Entonces dio una gran voz: hombre,

ya está todo hecho. Respondió el señor don Baltasar: mire V.ª S.ª que el rey desea hacer merced al capitán. No pudo hablar, que se le añudó el garguero y salió de allí; pero antes que llegase a la calle cayó sin sentido, metiéronle en el coche por muerto y dieron garrotes en los brazos y piernas para que volviese en sí. Dios le volvió su juicio y confesó y murió. ¡Dios le perdone el mal que me hizo! que él se quedó sin vida y yo sin almirantazgo, porque el señor don Baltasar, que era mi Jefe, decía que no era razón que me hiciese merced por haber muerto un ministro, como si yo le hubiera dado algún arcabuzazo; ¡no tuviera más culpa algún papel que debió de venir de arriba, que yo he oído que aquel debió de darle la muerte!

Con esto me retiré de Palacio y no entraba en él. Pasaron más de seis meses cuando un día, estando descuidado, entró a buscarme un alabardero de parte del señor conde de Olivares. Fui con cuidado a ver lo que me quería, y entrando por la sala donde estaba, lo primero que me dijo: señor capitán Contreras, no me dé quejas, que bien veo las tiene. El rey ha resuelto el hacer una armada para guardar el estrecho de Gibraltar y yo soy el general de ella y en la Junta de armadas se han nombrado dieciséis capitanes traídos de diferentes partes, prácticos y de experiencia; y de los dos que se han escogido de los que están en esta Corte, es el uno el Maese de Campo don Pedro Osorio, y vmd. el otro; estímelo. Yo agradecí la merced que Su Ex.ª me hacía y díjele: Señor, yo me hallo con 50 escudos de sueldo y he sido capitán dos veces; no se compate agora tornar a tomar compañía y dejar los 50 escudos que tengo en la armada. Y díjome: no hay que tratar, que sus acrecentamientos corren por mi cuenta. Con que le dije: pues sírvase V.ª Ex.ª que esta compañía la levante en esta Corte. Dijo que jamás se había hecho, pero que por contentarme lo trataría con Su Majestad; y lo consiguió, que levantamos los dos, el Maestre de Campo y yo, siendo los primeros capitanes que estando presente la Corte hayan levantado gente y enarbolado banderas.

Capítulo XV. De que levanté otra compañía de
infantería en Madrid en Antón Martín y otros sucesos

La mía se enarboló en Antón Martín, y en veintisiete días levanté 312 soldados, que salí con ellos a los ojos de toda la Corte, en orden y yo delante, que este consuelo tuvo mi buena madre, de muchos pesares que ha tenido en este mundo de mis trabajos.

Al segundo día que salí de la Corte hubo en ella nueva que me habían muerto en Getafe, cosa que se sintió en Madrid como si yo fuera un gran señor, y de esto pongo por testigo a quien se halló allí. Dicen que en el juego de la pelota lo dijo el Marqués de Barcarrota, que no tuvo otro origen, para lo cual despachó el señor don Francisco de Contreras, presidente de Castilla, correos a saber la verdad, para el castigo si acaso hubiera sucedido como lo dijeron. Yo despaché cómo estaba bueno, que se holgaron en la Corte; tanto importa el estar bien quisto.

Saqué de esta muerte falsa que me dijeron algunas buenas personas más de quinientas misas en el Buen Suceso. Supe fueron más de trescientas las que se dieron limosna para decir. Súpelo después del mayordomo del hospital, estando pretendiendo, que se llamaba Don Diego de Córdoba. Pasé a Cádiz con mi compañía y entré con más de trescientos soldados. Embarcámonos y fuimos al Estrecho, que era nuestro sitio. Iba esta armada a orden de don Juan Fajardo, general de ella. Embarquéme en el galeón Almiranta de Nápoles, que en esta escuadra había seis bajeles famosos de que era general Francisco de Ribera, que lucía toda esta armada con sus bajeles y su valor. Eran de los que tenía en Nápoles el señor duque de Osuna, y pluguiera a Dios fuera general de toda esta armada el buen Ribera, que diferentemente hubiera sido servido Su Majestad y nosotros ganado reputación. Toda esta armada tenía veintidós galeones gruesos y tres pataches. Salíamos de Gibraltar algunos navíos que señalaban a encontrar algunos de turcos que pasaban por el Estrecho costeando la África, aunque no hay de distancia en este estrecho de España a Berbería más de tres leguas, en que se hicieron algunas presas.

Al cabo de muchos días, a 6 de octubre 1624, encontramos con la armada de Holanda, que traía ochenta y dos velas, aunque no eran todas de guerra. Fuimos a encontrarlos sobre Málaga, a la mar quince leguas. Lo que sé decir que el galeón capitana de Ribera y el mío que era su almiranta, llegamos a pelear a las cuatro de la tarde con los enemigos; el galeón de Ribera y la capitana de don Juan Fajardo y la almiranta en que iba yo. Lo que sucedió no se puede decir, más que los enemigos se fueron riendo; que si a la capitana de Ribera no la hubieran dado un cañonazo entre dos aguas, que fue menester dar un bote para podello remediar, sabe Dios cómo les hubiera ido a los enemigos. Este cañonazo le dieron no siendo la bala cristiana ni de los bajeles del enemigo. Pasemos adelante, que anocheció, y aquella noche se fueron a pasar el Estrecho sin que naide les diera pesadumbre, lo que jamás ellos pensaron, y dieran por partido el haber perdido la cuarta parte de sus bajeles, como se dijo después. Volvímonos a Gibraltar y allí se quedó don Juan Fajardo, y con Ribera fuimos en busca de los galeones de la plata, que la topamos y trajimos a Sanlúcar, además de dos navíos que tomamos de turcos en el camino y una presa que llevaban de azúcar.

Volvimos a invernar a Gibraltar y caí malo. Dióme veinte días de licencia para ir a convalecer a Sevilla, y porque espiró me proveyó la compañía don Juan Fajardo. Fuíme a la Corte, quejéme y hízome Su Majestad merced del gobierno de 500 de infantería que habían de ir a servir en cuatro compañías a las galeras de Génova. Levanté la infantería, y estando para marchar me dieron orden fuese con ella a Lisboa para embarcarme en una armada que se había fabricado para resistir a la de Inglaterra, a cargo de Tomás de Larraspur.

Estuvimos aguardando en Cascaes y en Belén más de dos meses, porque se tenía nueva no iba a ninguna parte, sino a Lisboa, llamados de los judíos; y visto la preparación dieron en Cádiz; y aunque se supo, vino orden no desamparásemos aquel puerto, donde estuvimos hasta que se supo se había retirado a Inglaterra.

El Marqués de la Hinojosa, que estaba por general de mar y tierra, comenzó a reformar donde entré yo con los de mi tropa, que volvimos a Madrid a que se nos diese orden para ir a nuestras galeras; ya se había enfriado porque dicen había guerra en Lombardía, y no debió de ser sino que los genoveses son poderosos; y aunque el duque de Tarsis lo ayudaba, por tener sus galeras guarnecidas con españoles, no pudo conseguir que por ahora se pusiese en ejecución, con lo cual nos quedamos pobres pretendientes en la Corte; aunque yo no libré mal, porque Lope de Vega, sin haberle hablado en mi vida, me llevó a su casa diciendo: Señor capitán, con hombres como vmd. se ha de partir la capa; y me tuvo por su camarada más de ocho meses, dándome de comer y cenar, y aun vestido me dio. ¡Dios se lo pague! Y no contento con eso, sino que me dedicó una comedia en la veinte parte, del rey sin reino, a imitación del testimonio que me levantaron con los moriscos.

Parecióme vergüenza estar en la Corte, mas no teniendo con qué sustentar, que allí parecen mal los soldados aunque lo tengan; y así traté de venirme a Malta por ver en qué estado estaba lo de mi hábito, y cuando me había de tocar algo que comer por él; pedí en el Consejo que me diese algún sueldo para Sicilia, que está cerca de Malta, y diéronme treinta escudos de entretenimiento, cinco más de los que dan agora a los capitanes. Con que tomé la derrota a Barcelona, y de allí me embarqué para Génova y Nápoles y Sicilia. Presenté mi cédula, asentóseme el sueldo, y de allí a un mes que quería ir a Malta con licencia, me hizo merced el duque de Alburquerque, virrey de aquel reino, del gobierno de la Pantanalea (Pantalaria), una isla que está casi en Berbería. Tiene una tierra y un castillo con 120 soldados españoles. Pasé por Malta a la ida y hallé que no tenía caravana hecha ni residencia para poder encomendar; además, que las encomiendas que hay en el estado de freiles sirvientes, son pocas y chicas, que la mayor no tiene seiscientos ducados.

Estuve en este gobierno dieciséis meses, teniendo algunos encuentrillos de los que allí vienen pira hacer carne y agua, y así mismo traté de que una iglesia en que tenemos la cofradía de Nuestra Señora del Rosario, era como una venta cubierta con cañas y paja; envié por madera a Sicilia, y por un pintor y colores; reedifiqué esta iglesia cubriéndola con buenas tablas y vigas; hice seis arcos de piedra, una tribuna y una sacristía; pinté toda la iglesia, el techo y capilla mayor con los cuatro evangelistas a los lados, y el altar de Nuestra Señora hice pintar en tablas, que después hice un arco con un Dios Padre encima, y el arco eran los quince misterios, retratado cada misterio.

Doté renta perpetua para lo siguiente: que todos los años por Carnestolendas, el jueves de compadres se dijese una misa cantada con diácono y subdiácono y túmbolo con sus paños negros y cera y más doce misas rezadas, y la víspera el oficio de difuntos con su túmbolo y cera; todo esto por las ánimas del purgatorio. Ítem, dejé renta para que en sabiendo que yo sea fallecido tengan obligación de decirme doscientas misas de alma. Más, dejé con que cada dos años limpien la pintura y blanqueen la iglesia; más, dejé cada mes una misa rezada por mi alma, en lo mejor y más bien parado de toda la isla.

Quedó adornada lo mejor que pude; con que pedí licencia al señor duque de Alburquerque para ir a Roma con él. Dió- mela de mala gana por cuatro meses. Vine a Palermo y de allí embarqué para Nápoles y de allí vine a Roma.

Traté de que se me diese un Breve para suplirme las cara- vanas y residencia que tenía obligación de hacer en la religión para encomendar, y habiéndoselo propuesto a Su Santidad no lo quiso hacer, con lo cual me resolví de hablarle, y dán- dome audiencia le hice relación de mis servicios, y dije que el tesoro de la iglesia era para hombres como yo que estaban hartos de servir en defensa de la fe católica; lo cual, consi- derando Su Santidad estos trabajos con su cristiandad, no solo me concedió el Breve facultativo, mas me lo concedió gracioso, y más con otro en que ordena a la Religión que en consideración a los servicios me reciban en grado de freile caballero, gozando de mi ancianidad, y poder caber en todas las encomiendas y dignidades que los caballeros de justicia gozan; y más, me concedió un altar privilegiado perpetuo para la isla de la Pantanalea, en mi iglesia, con no haber más de tres misas que son menester, hecho para el altar por siete años, con que quedé contento; pero faltaba lo mejor, que era el despachar estas cosas con los ministros monseñores, que les pareció eran muchas gracias y nunca vistas, como es verdad, y ansina me las coartaban con mil cláusulas; pero todo esto lo allanó el conde de Monterrey, mi señor, y mi señora la condesa, su mujer, con recados y billetes que escribieron a los ministros, que era imposible si no fuera por Sus Excelencias el podello conseguir. Eran Sus Excelencias al presente Embajadores en Roma extraordinario, y habiéndome despachado quise ir a Malta y Palermo, donde tenía mi sueldo, y pidiéndole licencia a Su Excelencia me ordenó por algunas causas que se ofrecieron no me partiese de Roma. Hícelo y estimélo, mandando que me diesen mis treinta escudos al mes a su tesorero, que lo ha hecho con mucha puntualidad.

Pedí licencia a Su Excelencia, después de pasados seis meses, para presentar los Breves. Diómela por dos meses y que volviese dentro dellos. Partí de Roma y fui a Nápoles y Sicilia y de allí a Malta, donde presenté los Breves con las cartas de Su Excelencia, y al punto fueron obedecidos, con lo cual me armaron Caballero con todas las solemnidades que se requieren, y dieron una Bula que la estimo más que si hubiera nacido del Infante Carlos, en que dicen que por mis notables hechos y hazañas me arman Caballero, gozando todas las encomiendas y dignidades que hay en la Religión y gozan todos los Caballeros de justicia. Hubo aquel día sopa doble en un gran banquete. Partí de Malta para volver a Roma y vine en poco tiempo, porque en ir y estar, negociar y volver a Roma, fue en treinta y cuatro días, habiendo de camino casi trescientas leguas.

Llegué a Roma y besé la mano al conde mi señor y mi señora la condesa. Holgáronse de mi buen despacho y vuelta tan presto.

A ocho días después de llegado a Roma me mandó el conde mi señor fuese con dos carrozas de campaña suyas, de a seis caballos cada una, a traer los señores Cardenales Sandoval y Espínola y Albornoz que venían de España y habían de desembarcar en Puerto de Palo, veinte millas de Roma, y asimismo me ordenó los convidase de su parte para que viniesen a alojar en su casa, donde les tenía hecho un gran alojamiento.

Llegué a Palo donde estaban sus Eminencias en el castillo. Hice mi embajada; estimáronlo mucho, pero respondieron no pensaban entrar en Roma por ser tiempo de mutaciones, sino irse a algunas partes cerca della; y ya tomada esta resolución les supliqué lo mirasen bien, anteponiendo el servicio del rey, con lo cual se aventuraron a perder su salud, y a dos horas antes de noche mandaron poner las carrozas en orden, que había ya diecisiete de campaña.

Metiéronse los señores tres Cardenales en la carroza del conde mi señor y los camareros suyos en la otra y yo. Comenzaron a picar las unas y las otras porque no les diese el Sol, pero dime tan buena maña que entré en Roma al amanecer con solas las dos carrozas del conde mi señor, sin que pudiese seguir ninguna de las diecisiete, y con ellas los traje a casa muy trempano (sic), día de San Pedro, cuando se presenta la hacanea al Papa.

Fueron alojados en casa del conde mi señor, cada uno en su cuarto, con la ostentación y regalo que se puede creer, con sus camareros y otros criados.

Estuvieron allí hasta que tomaron casas, que debió ser un mes, y allí fueron visitados de todo el Colegio de los Cardenales, y regalados del conde mi señor; y yo me volví a mi posada donde estoy y estaré hasta que su Excelencia me mande otra cosa, que no deseo sino servirle. Una cosa digo que es milagro: que entraron estos señores en Roma, día de San Pedro, cuando las mutaciones están en su punto y de toda la familia que traían estos señores, que son más de trescientas personas, no se murió ninguno, y a sus Eminencias no les ha dolido la cabeza, con lo cual digo que es chanza lo de las mutaciones; es verdad que yo les dije a todos en Palo que se guardasen del Sol y entrando en Roma de hincar, que con esto no habría mutación. Esto ha sucedido hasta hoy que son 11 de octubre de 1630; y si hubiera de escribir menudencias sería cansar a quien lo leyere; además, que cierto que se me olvidan muchas cosas, porque en once días no se puede recopilar la memoria y hechos y sucesos de treinta y tres años. Ello va seco y sin llover, como Dios lo crió y como a mí se me alcanza, sin retóricas ni discreterías, no más que al hecho de la verdad.

Alabado sea Cristo.

Capítulo XVI. Llegada del Marqués de Cadreyta a
Roma; erupción del Vesubio; mi estancia en los Casales
de Capua; mi gobierno de la ciudad de Aquila

Luego se siguió que el conde mi señor resolvió hospedar al señor Marqués de Cadreyta que iba por Embajador ordinario a Alemania, y pasó por Roma, por Embajador de la Serenísima Reina de Hungría, y el conde mi señor me ordenó le fuese a recibir al camino y ofrecerle su casa, y porque no traía las cartas de la Reina con las circunstancias que son menester para que el Papa le recibiese como Embajador, le hube de llevar a Frascate, gran recreación, donde estuvo regalado hasta que la Reina tornó a escribir, con lo cual entró en Roma y vino a parar en casa del conde mi señor, donde fue regalado y servido, y después de besado el pie al Papa y recibido sus visitas y hécholas su Señoría también, se partió para Ancona, donde halló a la Reina y embarcó para la Corte cesárea a ejecutar y ejercer su embajada, que la que hizo en Roma fue muy lucida y costosa, digna de tal señor.

Luego dentro de pocos días envió el conde mi señor a pedir una galera a la señora condesa de Tarsis para que fuese en ella el secretario Juan Pablo Bonete y yo a hacer ciertas diligencias en Madrid. Vino la galera, donde nos embarcamos y llegamos a Barcelona, y de allí se me ordenó corriese la posta, porque importaba. Hícelo, con lo cual tuvo el conde mi señor su deseo por haber llegado con brevedad.

Estuve en Madrid más de dos meses (año 1631), donde me holgué en ver lindas comedias del Fénix de España, Lope de Vega, tan eminente en todo y el que ha enseñado con sus libros a que no haya naide que no sea poeta de comedias, que este solo había de ser para honra de España y asombro de las demás naciones.

De Madrid me mandaron me partiese para Nápoles, donde era virrey el conde mi señor, y en llegando me mandó tomase una Compañía de infantería española. Díjele como yo lo había sido ya cuatro veces; porfióme y toméla, con la cual entré de guarda a su persona, y de allí a dos meses me envió de presidio a la ciudad de Nola, y estando allí quieto una mañana, martes 16 de diciembre amaneció un gran penacho de humo sobre la montaña de Soma, que otros llaman el Vesubio, y entrando el día comenzó a oscurecerse el Sol y a tronar y llover ceniza. Advierto que Nola está debajo casi del monte cuatro millas y menos. La gente comenzó a temer viendo el día noche y llover ceniza, con lo cual comenzaron a irse de la tierra, y aquella noche fue tan horrenda que me parece no puede haber otra semejante al día del juicio, porque demás de la ceniza llovía tierra y piedras de fuego como las escorias que sacan los herreros de las fraguas, y tan grandes como una mano, y mayores y menores, y tras todo esto había un temblor de tierra continuo que esta noche se cayeron treinta y siete casas y se sentía desgajar los cipreses y naranjos como si los partiesen con un hacha de hierro. Todos gritaban ¡misericordia!, que era terror oírlo. El miércoles no hubo día casi, que era menester tener luz encendida. Yo salté en compaña con una escuadra de soldados y traje siete cargas de harina y mandé cocer pan, con lo que se remediaron muchos de los que estaban fuera de la tierra por no estar debajo de techado. Había en este lugar dos conventos de monjas, las cuales no quisieron salir fuera, aunque el Vicario les dio licencia para ello antes que se fuera, los cuales conventos se cayeron, y no hizo mal a naide porque estaban en el cuerpo de la iglesia rogando a Dios.

Los soldados de mi compañía casi se levantaron contra mí en esta forma: hicieron su consejo entre ellos diciendo que viniesen juntos a forzarme saliese de allí, porque el fuego llegaba cerca. Topéles juntos en una calle, que venían a lo dicho, y yo como lo vi les dije: ¿dónde, caballeros? Respondió uno, señor... y antes que dijese más, dije yo, señores, el que se quisiese ir, váyase, que yo no he de salir de aquí hasta que me queme las pantorrillas, que cuando llegue a ese término, la bandera poco pesa y me la llevaré yo. Con esto no hubo naide que respondiese. Pasamos este día unas veces de noche y otras con poco día. Las lástimas eran tantas que no se pueden decir ni asegurar, porque ver la poca gente que se había quedado, desmelenadas las mujeres y las criaturas sin saber dónde meterse y aguardando la noche natural, y que allí caían dos casas, allí otra se quemaba, se deja considerar, y por cualquiera parte que quisiera salir era imposible porque se hundía en la ceniza y tierra que cayó el jueves por la mañana. Trabajó el elemento de el agua aunque no cesaba el fuego y llover ceniza y tierra, porque nació un río tan caudaloso de la montaña que solo el ruido ponía terror: un pedazo de él se encaminaba a la vuelta de Nola, y yo tomé treinta soldados y gente de la tierra con zapas y palos e hice una cortadura, de suerte que se encaminó por otra parte y dio en dos lugarejos, que se los llevó como hormigas con todo el ganado y bestias mayores que no se pudieron salvar, con que consideré si cuando los soldados venían a que me fuese me voy se anega la tierra.

El viernes quiso Dios que lloviese agua del cielo revuelta con tierra y ceniza, que hizo una argamasa tan fuerte que era imposible cortarla aunque fuese con picos y azadones, conque tuve algún consuelo por si apretaba el fuego tener por dónde salir.

El sábado se cayó casi todo el cuartel donde estaba la compañía; pero no hizo mal a nadie porque los soldados más querían estar al agua y ceniza en la plaza que en el cuartel y en la iglesia mayor que era damuzada (sic), aunque se meneaba como enjuagadientes en la boca, de los terremotos que había.

Domingo me vino una orden del conde pensando estaba todo perdido porque no podían haber pasado, en que me mandaba saliese y me fuese a Cápua, y aunque me pesó, cierto, por dejar aquellas monjas, que viéndome ir se habían de desanimar, me fue fuerza el usar de la orden porque si sucedía algo no me culpasen. Salí con lo que tenía acuestas, porque aunque quisiera traer un baúl no había en qué. Llegamos a Cápua que era dolor el vernos, tan desfigurados que no parecíamos sino que habíamos sido trabajadores en el infierno; los más descalzos, medio quemados los vestidos y aun los cuerpos. Allí nos reparamos ocho días e hicimos Pascua de Navidad, aunque el Vesubio siempre vomitaba fuego.

Al cabo de ocho días me envió el conde una patente para que me alojase en los Casales de Cápua; hícelo y en ellos nos acomodamos algo de lo perdido, y a mí me trajeron de Nola dos baúles de vestidos, que todo lo demás de una casa se perdió: fue dicha no perderse los baúles también.

En estos Casales hay una usanza lo más perniciosa para los pobres y es que los ricos que pueden alojar ordenan de primeras órdenes a un hijo y a éste le hacen donación de toda la hacienda, con que no pueden alojar, y el Arzobispo les defiende porque le sustentan: yo di cuenta al Obispo de esta bellaquería y respondiome que aquello era justo; yo me indigné y saqué los soldados de casa de los pobres y llevélos en casa destos ricos, y preguntaba yo: ¿cuál es el aposento del ordenado?, decían, éste; yo decía: guárdese como el día del domingo; y estotros, ¿quién duerme en ellos?; señor, el padre, la madre, las hermanas y hermanos; y en estos alojaba a tres y a cuatro soldados; quejáronse al Arzobispo y él escribióme a decir que mirase que estaba descomulgado; yo reíme de aquello y uno de estos clérigos salvajes, que así los llaman por este reino, porque no tienen más de las primeras órdenes y son casados muchos, púsose en una yegua para quejarse al Arzobispo, y un soldado diole una sofrenada diciendo se agnardasé hasta que me lo dijeran a mí. La yegua no sabía de freno más que el dueño latín, con lo cual se empinó y dio con él en el suelo, que no se hizo provecho.

Con todo su mal fue a quejarse; con que el Obispo me envió a decir que estaba descomulgado por el capítulo quisquis pariente del diablo (sic). Yo le respondí que mirase lo que hacía, que lo entendía el capítulo quisquis, ni era pariente del diablo, ni en mi generación le había; que mirase que si me resolvía a estar descomulgado que no estaba naide seguro de mi sino en la quinta esfera; que para eso me había dado Dios diez dedos en las dos manos y ciento cincuenta españoles. El tomó mi carta y no me respondió más de que les envió a decir a los Casales que hiciesen diligencia con el virrey para que me sacase de allí, que él haría lo mismo, porque no hallaba otro remedio. Hiciéronla apretada; pero en el inter me lo pagaron los ricos sin que padeciese ningún pobre, que no fue tan poco que no duró más de cuarenta días.

Pasados éstos me envió el virrey a la ciudad del Águila, de las mayores del reino, en la cual habían perdido el respeto al Obispo de aquella ciudad y aun querídole matar, y mandóme que fuese a castigar los culpados: yo partí destos Casales a los 9 de febrero y pasé el llano de las Cinco millas, que llaman, el cual estaba media pica de nieve: hubo lindas cosas en este llano con los soldados.

Esta ciudad es tan inobediente por estar a los confines de la Romanía, que casi no conocen al rey. Yo llevaba 150 españoles de los de cuarto y ochavo, y entré en la ciudad escaramuceando con mis pardillos. Iba con título de Gobernador y capitán a guerra: comencé a prender y ellos a huirse. Alojé los pardillos en sus casas de los culpados, que no les estuvo mal, y eché bando que no anduviese naide ni entrase en la ciudad con bocas de fuego, que en ellos era costumbre como llevar sombrero. Obedecieron luego, que fue milagro según decían todos; y un día llegaron a la puerta de Nápoles seis criados del virrey de la provincia que era el conde de Claramonte, con sus escopetas y pistoletes de los chiquitos, y traían unos cabellos larguísimos a lo nazareno, que es aquí hábito de bandidos o salteadores, que todo es uno. Dijéronlos que no podían entrar sin orden del Gobernador y capitán a guerra: respondieron que no conocían al capitán a guerra;

y como de cuatro soldados que estaban a la puerta se habían ido los dos a comer, entraron y fuéronse a dar pavonada a la plaza, no haciendo caso de naide, como lo pasado. Yo lo supe y mandé cerrar las puertas de la ciudad y con ocho soldados salí a buscallos. Hallélos como si no hubieran hecho liada, y queriéndoles prender, se metieron a hacer armas, que las tenían muy buenas; pero no les valió porque de Romanía cerré con ellos y los prendí aunque me hirieron un soldado.

Presos, luego al punto les hice la causa y di dos horas de término a cada uno, y pasadas los condené a cortar los cabellos nazarenos y que se los pusiesen al pescuezo, y subidos cada uno en sus borricos, a usanza de mi tierra, les diesen cada doscientos azotes, lo cual se hizo con gentil aire aunque el verdugo se estrenó en semejante justicia, que para él era nueva y aun para la ciudad. Apeados de sus jumentos fueron curados con sal y vinagre a usanza de galera y a otro día los encaminé a las galeras de Nápoles con cada seis años, por entretenidos, cerca la persona del cómitre a quien tocaron.

Al Señor virrey o presidente de la provincia le pareció imposible la justicia y certificádose dello me escribió que con qué autoridad había hecho aquello. Respondile que con la de capitán a guerra. Tornóme a escribir que él solo en aquella provincia lo era. Yo le dije que eso se lo pleitease con el conde de Monterrey que era el que me había enviado la patente, y con esto se determinó el venir a prenderme al Águila, y para ello juntó trescientos hombres de a caballo y algunos de a pie. Súpelo y escribíle que mirase su Señoría que era levantar la tierra y que ella lo estaba casi, pues yo había venido a castigar; que pues era Ministro del rey, no intentase tal cosa sino que diese cuenta al conde como a virrey del reino; y si yo había hecho mal me castigaría. El no hizo caso de esto, sino trataba de seguir su intento. Yo que tenía espías vi que iba de veras y traté de escoger de ciento y cincuenta españoles que tenía, los ciento con su pólvora y balas y cuerda, y en un gallardo caballo que yo tenía puse mis pistolas y encima de mi persona dos mil escudos en doblas y salí a aguardalle a un puesto, donde le escribí una carta diciéndole que pues miraba tan mal por el servicio del rey, que prosiguiese su camino y que trajese buen caballo, porque si le cogía le juraba a Cristo que lo había de azotar como a los otros; y lo hiciera mejor que lo digo, porque yo estaba seguro el rendir su gente, que era toda canalla, y hecho en él lo dicho irme a Roma y a Milán y a Flandes, conque se acababa todo; y de donde estaba yo en seis horas me metía en el estado de la Iglesia.

El se resolvió tomar mi carta y enviársela al virrey conde de Monterrey y se volvió a su casa o tierra y yo a la mía.

A otro día tuve noticia que andaba un caballero haciendo mil bellaquerías en campaña y en conventos de monjas, hincando lo que más bien le parecía. Yo como me había resuelto ya de ir a campaña contra el presidente, ¡pardiez! que me encaminé la vuelta de un lugarejo donde el dormía y le parecía que estaba como el rey en Madrid y le di una alborada, hallándole en la cama, aunque se arrojó por una ventana a un huerto; pero hubo otros tan buenos saltadores que le pescaron; atáronle y traje a la ciudad del Águila, que se quedaron espantados de que hubiese quien se atreviese a prendelle. Metílo en el castillo e hice la causa y hecha le di dos días de término, en los cuales se trató de hacer un tablado en medio de la plaza y hacer los cuchillos para el sacrificio. La gente se burlaba de ver el tablado y de oír que era para cortalle la cabeza; pero más se admiraron cuando le vieron al quinto día a las tres de la tarde sin cabeza, que se la cortó un mal verdugo, al cual le di un vestido mío y diez escudos; el pobre no era práctico; pero fue como los médicos que enseñan en los hospitales a costa de inocentes, aunque este caballero no era sino grandísimo bellaco. Llamábase Jacomo Ribera, que cualquier brucés le conocerá aunque sea por el nombre, natural de la ciudad del Águila.

Estaba en esta ciudad por la Pascua de Resurrección, y los jurados o regidores estaban conmigo mal porque no les dejaba vivir como querían, y parecióles que el día de Pascua tenían alguna excusa el no acompañarme a la iglesia y con esto me hacían algún pesar. Yo les había dicho el jueves santo se comulgasen como lo hacía yo, y ellos como tenían la malicia no quisieron comulgar. Llegó el día de Pascua, donde el Obispo decía la misa de pontifical. Yo aguardé hasta que salió la misa y fui, púseme en mi silla con solo mi asesor, aunque éste nunca quiso firmar ninguna sentencia de las contadas; pero no me espantó que era de la tierra y se había de quedar en ella. Advierto que en esta ciudad el magistrado o regidores, que son cinco, cada uno tiene dos criados que se los paga la ciudad, vestidos de colorado, y ninguno de estos regidores o jurados no saldrá de casa sin estos dos criados, ni irá a otra parte aunque importe la vida.

Yo como me vi solo a la misa pontifical y conocí la malicia de estos bergantes, llamé al sargento desde mi silla y díjele: vaya y préndame todos los criados del magistrado y en casa de cada uno de los magistrados, meta seis soldados, con orden que coman cuanto hallaren en casa y en la cocina, teniendo mucho respeto a las mujeres, y que no se salgan hasta que yo los mande. Ejecutóse al punto, y más que había soldado que con ser día de Pascua no se había hecho lumbre en su casa. Los jurados tuvieron nueva del caso y como no tenían los de las capas coloradas no podían venir a volver por sí. Enviaban gentiles hombres y recados: yo decía vinieran ellos, y como no podían venir, estuviéronse cada uno donde les cogió el sargento los criados. Pidiome el Obispo sacase los soldados de las casas o que, soltase los criados, porque fuesen los jurados a sus casas. Concedí que saliesen los soldados de las casas con que les diesen a cada uno tres tostones que son nueve reales. Diéronselos al punto y dieran trescientos ducados por no los ver en casa, ¡tanto nos quieren! Tuvieron los soldados y sus camaradas con los nueve reales cada uno y comido, mejores pascuas que los jurados, porque las hicieron en el lugar donde les prendieron los criados, que por no perder la usanza o privilegio no fueron a sus casas. Hízome instancia el Obispo soltase los de las capas coloradas; yo dije les había prendido a todos porque no se excusasen unos con otros, cual era el que me había de haber llevado la almohada y puesto en la iglesia; pero que pagase cada uno un ducado para los arrepentidos y los soltasen; y al punto lo pagaron y salieron los jurados de su encantamiento, que ellos por tal tuvieron. Otras mil cosillas me sucedió con estos y era que el pescado y la carne lo ponían a precios subidos, y el pan, porque les daban a cada uno un tanto en especie de pescado y carne y tocino y el del pan en dinero. Yo súpelo y dije que cuando fuesen a poner las posturas me llamasen. Hiciéronlo, y así como la ponían decía yo: ¿v.ª s.ª no ve que es conciencia ponerlo tan bajo, que merece más, y subiéndolo habrá abundancia? Ellos veían el cielo abierto y subían más. Después de hecha la postura decía yo a cada uno dellos, señores: yo tengo tanta gente en mi casa y aunque soy franco por caballero de Malta y capitán de infantería y capitán a guerra y gobernador, quiero comenzar y pagar a la postura y así cada uno de v.ª s.ª ha de llevar conforme tiene la familia y lo ha de pagar aquí, como yo, y ¡voto a Dios! que si vosotros les dais una onza de nada, que os he de azotar; y como ellos vían que no era yo de burlas hacíanlo. Decían los jurados: Señor, que en nuestra casa no se come pescado: —pues yo quiero que lo coman y gocen de la postura, como yo y los pobres. Esto bastó para que la postura bajase la mitad y más en todas las cosas.

Volviendo a nuestro presidente o virrey de la provincia, había enviado la carta que yo le escribí última al conde de Monterrey y se resolvió el sacarme del Anguila, a instancia del Préside y de los jurados; pero sacónos a él y a mí en un día. A mí me dio una Compañía de caballos corazas ante de salir del Águila y a él no le dio nada. Este fin tuvo el gobierno del Águila, que tuve tres meses y siete días.

Capítulo XVII. De varias cosas que me sucedieron
en Cápua; alabanzas del conde y de la condesa de
Monterrey; me retiro de su servicio

Partí del Águila para Nápoles a tomar posesión de la compañía de caballos; halléla que estaba alojada en Cápua y fue fuerza traerla a Nápoles, adonde me la entregó don Gaspar de Acevedo, general de mil caballos.

Este día que me la entregó don Gaspar de Acevedo delante del escribano de ración don Pedro Cuncubilete, se tasaron los caballos de la compañía, la cual había tenido don Héctor Piñatelo, que le promovieron a teniente de Maese de campo general. Dijo un soldado que le había trocado el caballo y otros dijeron lo mismo, y yo dije: aquel que trae V.ª S.ª es de la compañía, y los soldados dicen tiene V.ª S.ª los mejores caballos y dado rocines, y son del rey. Respondió, no es verdad: que yo no he tomado caballo ninguno. Más aunque entre italianos no es palabra ofensiva, «no es verdad», no quise estar en opiniones, porque había muchos españoles y italianos delante, con lo cual alce la mano y le encajé la barba asiéndole de ella al punto. Arrojó él bastón y sacó su espada, como valiente caballero; pero yo no fui lerdo en sacar mi herraza, donde hubo una pendencia sin sangre, porque era tanta la gente que era imposible el herirnos. Un pobre tudesco de la guarda del virrey, que estaba allí, lo vino a pagar, que salió con una cuchillada en la cara, como si fuera el encajador.

Prendionos don Gaspar de Acevedo, como general de la caballería y capitán de la guardia del conde de Monterrey. Estuvimos presos en casa cada uno con guardas tres días, hasta que el conde, mi señor, mandó con la relación de los Maestres de campo y Príncipe de Asculi que nos hiciesen amigos en su antecámara: por el don Héctor salió el Príncipe de la Rochela y por mí salió el señor don Gaspar de Acevedo, con que de allí adelante cada uno andaba o yo por mejor decir, ojo avizor, como dicen los hampones.

Ya yo era capitán de caballos, con que comenzaron nuevos cuidados, y más con que el conde, mi señor, quiso hacer una muestra general de toda la caballería del reino, y la nueva levantada que era más de dos mil quinientos caballos y la infantería española y italiana que era mucha y muy lucida, aunque en esta muestra no se halló infantería del reino de milicia, sino la levantada, que eran los españoles dos mil y setecientos y los italianos ocho mil, escogida gente.

¡Qué sería menester de galas para este día! que yo con ser pobre, saqué mi librea de dos trompetas y cuatro lacayos, todos de grana, cuajados de pasamanos de plata, tahalíes y espadas doradas y plumas, y encima de los vestidos gabanes de lo mismo.

Mis caballos, que eran cinco, con sus sillas; dos con pasamanos de plata y todos con sus pistolos guarnecidos en los arzones. Saqué unas armas azules con llamas de plata, calcillas de camuza, cuajadas de pasamano de oro, y mangas y coleto de lo mismo, un monte de plumas azules y verdes y blancas encima de la celada y una banda roja recamada de oro cuajada; que a fe podría servir de manta en una cama. Yo entré de esta manera en la plaza con mi alférez y estandarte y ochenta caballos detrás bien armados; los soldados con sus bandas rojas, y mi hermano, que era mi teniente, detrás de la compañía, harto galán. Dejo considerar como entrarnos...

Los demás capitanes, que eran en cantidad, pasamos todos por delante Palacio, donde estaban en un balcón el conde, mi señor, y los eminentes Cardenales Sabeli y Sandoval, y en otro balcón mi Señora la condesa de Monterrey y mi Señora la Marquesa de Monterroso con sus damas. Todas las compañías como iban entrando en la plaza de armas hacían un caracol y abatían los estandartes y la infantería las banderas, y pasaron al largo del castillo donde se hizo el escuadrón y nosotros peleamos con él, que cierto era de ver pelear la caballería con la infantería. A este tiempo ya Sus Excelencias habían pasado con los señores Cardenales a Castelnovo y al pasar se disparó toda la artillería, que era mucho de ver, y hacíase esto tan al vivo, que no faltaba más que meter balas, que todas las demostraciones se hicieron; pero tal capitán general teníamos para que no lo hiciéramos, que aunque se hubiera criado toda su vida en la guerra no podría saber mandar más como mandaba y a sus tiempos; y no es adulación, que certifico que con haber conocido infinitos Príncipes no he visto quien sepa tener tanta grandeza como este Señor; y sino dígalo la embajada de Roma extraordinaria de 1628, con la grandeza que allí estuvo, los muchos huéspedes que yo conocí en su casa alojados, los Señores Cardenales Sandoval, Espínola y Albornoz, un hermano del conde de Elda y otro del de Távara y la del mismo conde y mi Señora la condesa, y todos comían en sus cuartos aparte y a un tiempo, y no se embarazaban los oficios, ni reposteros, ni botilleres, ni cocineros, ni la plata, porque cada uno tenía lo que había menester; además que cada uno tenía un camarero y un mozo de cámara, y para todos había carrozas a un tiempo sin pedir a naide nada prestado. Yo vi colgadas treinta y dos piezas con sus doseles de verano y otros tantos de invierno.

Fue este Señor el que hizo tan señaladas fiestas al nacimiento del Príncipe nuestro Señor, que Dios guarde, por octubre 1629, que hoy los romanos tienen que decir y aun los extranjeros que allí se hallaron. Tantas comedias, tantas luchas, tantos artificios de fuego, tantas fuentes de vino, tantas limosnas a los hospitales, derramar tres días a reo por las tardes cantidad de dinero, oro y plata a puñados; y para más prueba baste decir que en este tiempo éramos tan mal vistos en Roma que no se puede encarecer, y estas grandezas les obligaba a que fueran por dentro de Roma apellidando, ¡viva España! que no hay más que decir.

Pues ¿quién ha tenido en aquella ciudad capitanes entretenidos, como los tuvo el conde a treinta escudos cada mes a cada uno, y éramos cuatro y yo era el uno, pagándonos de su bolsa con puntualidad?; y todo esto lo gobernaba Gaspar de Rosales, tesorero de Su Ex.ª, que jamás dejó que nadie se quejase de Su Ex.ª en aquella corte, al cual hizo Su Ex.ª Secretario de Estado y Guerra de Nápoles cuando pasó a ser virrey, oficio en el buen secretario bien merecido por su vigilancia y limpieza de manos; y es cierto que muchas veces un Señor acierta por tener un buen criado, y al revés por tenerlo malo.

Pues en Nápoles, ¿qué virrey ha habido que busque los hombres que tienen méritos, los cuales estaban arrinconados en algunos castillos, desesperados, y Su Ex.ª los ha sacado y premiado que yo conozco muchos?; con que toda la nación se ha [regocijado] viéndose premiar. ¿Quién ha enviado en quince meses a Milán, como el conde, dos tercios de italianos de a tres mil hombres y setecientos mil ducados y a España seis mil infantes y mil caballos en veinticuatro galeones?; la infantería a cargo del Marqués de Campo Lataro y la caballería al de el Príncipe de la Rochela, y juntamente veinticuatro sillas, bridas bordadas con sus caballos escogidos, y otros tantos pares de pistolas que no tenían precio, y para encima de cada caballo una cubierta de brocado que llegaba a las corvas de los caballos; esto iba de presente para Su Majestad y Señor Infante Carlos, que esté en gloria, y Señor Infante Cardenal. Pues si tratase de mi Señora la condesa, la afabilidad que ha tenido con todas aquellas señoras tituladas del reino, repartiendo los días de la semana en los hospitales, y a los de las mujeres ir a servillas con sus manos, llevando de Palacio toda la comida que se había de gastar aquel día; y de esto soy buen testigo; pues ¿un convento de mujeres españolas arrepentidas que ha fundado y otros a que cada día ayuda con sus limosnas, favoreciendo y honrando a todos los que quieren valerse de su intercesión? en suma, señor lector, no le parezca pasión lo que he dicho, porque he quedado muy corto, y juro a Dios y a esta que cuando escribo esto que son 4 de febrero de 1633 me hallo en Palermo y en desgracia del conde mi Señor, que adelante lo verán el cómo y porqué; pero, con todo, estimo ser su criado, aunque en desgracia, más que criado de otro en gracia, porque jamás seré ingrato a las mercedes recibidas en su casa y pan comido.

Volviendo a mi discurso, digo, señor, que se acabó nuestras escaramuzas, que fue a 20 de junio de 1632. Fuímonos a casa cansados y sudados, y a otro día mandó el conde se repartiese toda la caballería por las marinas para defendellas, por haber venido nueva de la armada turquesca. A mí me tocó ir con quinientos caballos, cabo tropa de ellos, al Principado de Citra, donde estuve hasta fin de agosto en campaña de Bol y en Achierno. En este lugar era por caniculares, y hacía tanto frío que era menester echar dos mantas en la cama; y así, de día, ejercitábamos los caballos, escaramuzando unos con otros, y a veces corríamos una sortija.

Había un caballo grande en la compañía, de cuatro años, y era tan pernicioso, que había casi estropeado cuatro soldados, y a uno del todo; y para herrarle era menester atarle de pies y manos, y era tan feroz, que echado en el suelo quebraba todas las cuerdas, aunque fueran gordas. Yo mandé lo llevasen al convento de el señor San Francisco y que lo daba de limosna. Lleváronlo en pelo y el guardián dijo que ya que le hacía la limosna le hiciese un contrato para podello vender. Este caballo estuvo aquella noche tan feroz que no se atrevían a llevarlo a beber, y a otro día hice el contrato, y me dijo el guardián: Señor, yo temo que este caballo ha de matar algún fraile. Fuese con su contrato al convento, y a otro día me dijo: señor capitán, el caballo se está quedo y parece se ha quietado algo; en suma, en seis días se puso tan doméstico que no había borrico como él, y le echaron con una yegua que tenía el convento y andaba con ella como si no fuera caballo, que todo el lugar se maravilló. Yo tenía un caballo, entre otros, que llamaba Colona; y como íbamos a correr y escaramuzar cada día a la alameda de San Francisco, este día me puse sobre este caballo, que era manso, y yo había escaramuzado y corrido lanzas muchas veces en él, y poniéndole en la carrera jamás quiso partir: yo me enojé y le di de las espuelas y salió, y a cuatro pasos se paró. Tornéle al puesto y hice lo mismo: el caballo no quiso correr sino muy poco, y a través. Rogaron me apease y que no corriera. Un soldado me dijo: démele vmd., que yo le haré correr y no le quedará ese vicio: yo me apeé y el soldado subió en él, y no hubo bien subido cuando el caballo disparó a correr y hasta que se estrelló en una pared, él y el soldado, no paró, y cayeron entrambos muertos, de que me quedé espantado. O fue la limosna que di del caballo o de un altar que hice se fabricase para decir misas por las ánimas del Purgatorio y un Breve que les hice venir de Roma para un altar privilegiado. La causa Dios lo sabe, a quien doy gracias por tal beneficio con los muchos que me hace cada día.

Entré en Nápoles con mi compañía, y alojáronme en el puente de la Madalena, de donde salía cada noche con veinte caballos a batir la marina de la Torre del Griego, y las demás compañías hacían lo mismo por la otra parte de Puzol.

Yo tenía muy buenos caballos, y las compañías de mi tropa no eran buenos, y así, por rehacerlas, mandó el conde se reformase mi compañía, lo cual se hizo, y Su excelencia me hizo merced del gobierno de Pescara, que es de lo mejor de aquel reino. Beséle la mano al conde por la merced, y estúveme ansí más de un mes sin pedir los despachos; y una mañana me envió a decir el conde, mi señor, con el secretario Rosales, que gustaría que aprestase dos galeoncetes y un patache que estaban en el puerto, y que fuese a Levante con ellos a piratear un poco.

A esta sazón yo me hallaba con un hermano que había servido a Su Majestad veinte años en Italia y armada Real de soldado, sargento y alférez y gobernador de una compañía tres años con patente de general y con ocho escudos de ventajas particulares del rey, y al presente se hallaba reformado de Teniente de caballos corazas. Díjele al secretario: Señor, yo haré lo que me manda el conde; pero mire vmd., que tengo a mi hermano, y que por lo menos quede en Pescara por mi Teniente. Díjome que no podía ser, que había de ser capitán el que había de ocupar aquello. Pedí le hiciesen capitán del patache y aun se lo supliqué yo a boca al conde: no lo quiso hacer. Dije que le diesen una compañía de los ramos y gente suelta que se había de embarcar conmigo. Dijéronme que sí. Yo en este inter trabajaba en aprestar los bajeles, y decía al secretario: vmd. no se burle conmigo. Dígale al conde acabe de ajustar esto; juro a Dios, que si no lo hace, que no me he de embarcar ni hacer el viaje. En esto anduvimos hasta que una noche, en su escritorio, me desengañó, diciendo que no le habían de dar nada, y que nos habíamos de embarcar entrambos. Con esto me vine a mi casa, y considerando que yo no tenia plaza en aquel Reino ni sueldo de Su Majestad, ni mi hermano tampoco; y así, viendo que mi hermano decía: Señor, yo he servido como todo el mundo sabe, y vmd. ha hecho por muchos y yo no tengo acrecentamiento; el mundo pensará tengo algún (aje) y como vía que tenía razón, me obligó a coger mi poca ropa y meterla en el convento de la Santísima Trinidad, y de allí escribí un papel al Secretario del tenor siguiente:

«No se espante vmd. que yo haya sido prolijo en que se acomodase mi hermano, pues habiendo yo de ir este viaje, él había de quedar, si yo faltase, con las obligaciones de este sobrinillo y sobrina, huérfanos, que no tienen otro padre sino yo; y pues vmd. me desahució anoche que no le había de dar nada, yo me he resuelto a no querer servir tampoco ni hacer este viaje, y así se lo podrá vmd. decir al conde, mi señor, que yo me he retirado aquí para ver dónde me resuelvo a ir a buscar mi vida, y porque Su Ex.ª no me meta en algún castillo con alguna cólera; si gustare el conde de que yo le sirva y llaga este viaje, déle una compañía a mi hermano, pues la merece y me la ha prometido, que yo saldré al punto y haré lo que verá en este viaje.»

El Secretario se espantó de ver semejante resolución, y me escribió un papel como amigo a que saliese: no lo quise hacer sino con lo referido.

Pedíle licencia al conde para mí y para mi hermano y sobrino. Envióme a decir que yo no tenía necesidad de licencia, pues no era su súbdito, por caballero de Malta, por no tener sueldo ni ocupación en aquel reino, que con una fe de la Sanidad me bastaba. Yo le envié a decir que yo no era de los hombres que se iban sin licencia donde habían tenido ocupación: que si Su excelencia no me la daba, me estaría allí en el convento hasta que me muriera o promovieran a Su excelencia a mayores cargos. Y así Su excelencia me hizo merced de concederme licencia muy honrada para Malta y a mi hermano para España y a mi sobrino para Sicilia, y todas tres me las envió al convento firmadas de su puño.

Luego, estando los navíos de partencia, me enviaron un papel de Palacio, firmado del secretario; pero de otro mayor era, en que mandaban hiciese una relación e instrucción para el modo cómo se habían de gobernar los bajeles. Hícela delante el que me trujo el papel, que era bien larga, y a la postre decía: «Señor, yo no soy ángel, y podía errar; y así se podrá comunicar ese papel con los pilotos; y si mi parecer fuere bueno, se usará dél, y si no, no; que ese era el viaje que yo pensaba hacer, a no ser desdicha tener hermanos.»

Luego traté de poner mi viaje en orden, aunque todo el mundo me decía que me aguardase y aun ministros y amigos de Palacio. Yo procuré tomar su consejo, aunque me resolví una noche de ir a ver al secretario Rosales a Palacio y lo hice, y estuve con él hablando largo, y diciéndome que no lo había acertado, quedamos en que a otra noche nos habíamos de ver, y no me pareció hacerlo, sino en una faluca que me costó muy buen dinero, embarqué a mi hermano y sobrino a deshora, con la poca ropilla que tenía, y salimos de Nápoles a los 20 de enero a medianoche. Olvidábaseme decir que con mi retirada en aquel convento todo el mundo pensó me había metido fraile, como si yo no lo fuera; y aun se puso en la Gaceta, y de Malta me escribieron avisaban como era capuchino; y no había que espantar lo dijesen en tierras distantes, pues en dos meses que estuve en aquel convento hubo hombre en el propio Nápoles que juró me había visto decir misa, y él no debía de saber que yo no sé latín, ni aun lo entiendo.

Yo me pasé allí estos dos meses haciendo penitencia con un capón a la mañana y otro a la noche y otros adherentes y con muy buenos vinos añejos, y oía cuatro misas y vísperas cada día.

La noche que salí de Nápoles no fue muy buena por el cuidado que traía; pero amanecimos en Bietre, sesenta millas de Nápoles. Pasamos el golfo de Salerno y fuimos a Palanudo, donde no nos dejaron tomar tierra por amor de la sanidad. De allí fuimos a Paula y estuve allí dos días. Visité donde nació el bienaventurado San Francisco de Paula. De allí pasé a Castillón donde topé una faluca que venía la vuelta de Nápoles. Traía una brava dama española conocida, con la cual cené aquella noche y rogóme que durmiese en su aposento porque tenía miedo. No quise ser desagradecido y así me acosté en el aposento en otra cama... Amaneció y botamos nuestras falucas y cada uno tomó la derrota que le convenía; y aquella noche llegué a Tropia y no hice noche por llegar a Mesina, víspera de Navidad, la cual hicimos en una posada que había harta carne; pero como era víspera de Navidad todo el mundo se estuvo quedo y más yo que venía harto de espiga.

Oímos misa, día de Pascua, o misas, y salimos de Mesina, pero no pudimos pasar de la torre del faro, donde dormimos.

A otro día varamos y fuimos proejando hasta Melaço y estuvimos aquella noche y un día por ser malo el tiempo. Presentóme el capitán de armas unas gallinas y vino y un cabrito con que se me acrecentó la despensa y hubo sopa doble en la posada, que nunca en estas casas faltan diablos o diablas.

Partimos de Malaço y sin tomar tierra nos los llevamos hasta Termines, donde hay buena posada. Dormimos aquí y partimos para Palermo, que llegamos a mediodía, donde hallé infinitos amigos y traté de poner casa, y antes de hacerlo hablé al señor duque de Alcalá que gobierna este reino. Díjele mi venida, aunque Su Ex.ª lo sabía todo y supliquéle mandase se me aclarasen los treinta escudos de entretenimiento que yo tenía en este reino de Su Majestad. Mandó luego se me aclarasen.

Mi hermano dio un memorial suplicando a Su Ex.ª, en consideración de sus servicios, le hiciese merced de que se le diese una patente de capitán para ir a levantar una compañía, por haber pocas en este reino, y para ello yo le daba quinientos ducados que es lo que da Su Majestad para estas levas y yo quería ahorrar al rey esto; salió que informasen los oficios; y el informe fue metelle en una tartana que estaba en este puerto, catalana, cargada de bizcocho para las galeras de este reino y iba a Génova. Dile doscientos escudos en oro y vestidos y paguéle el flete y matalotaje, y echéle mi bendición, diciendo: Hijo, vete a Flandes y allí serás capitán; tú llevas servicios, galas, dineros, licencia. ¡Dios te guíe! Con lo cual se fue con Dios, y yo me he quedado hasta hoy 4 de febrero que escribo esto, 1633. Si Dios me diere vida y se ofreciere más lo añadiré aquí.

Capítulo XVIII. Viajes a Nápoles, a Génova y a España; pretensiones de mi hermano

Idose mi hermano este año de 33, en dicha tartana, me quedé en Palermo y me envió a llamar el señor duque de Alcalá, que era virrey de Sicilia. Subí a velle y preguntóme que qué había tenido con el conde Monterrey. Díjele que nada y yo traía licencia para Malta. Apretóme con razones; yo nunca le dije nada de lo que me había sucedido en Nápoles. Despedime de su Ex.ª y bajéme al cuerpo de guardia y comenzáronme los capitanes a desanimar de nuevo qué era lo que había tenido con el conde en Nápoles. Yo les dije que dejasen al conde, que era señor de todos los Grandes siendo chico. No faltó quien se lo fuese a decir al duque de Alcalá que enojado envió a su secretario me enviase a llamar, y venido me dijo sin réplica ninguna: Vmd. pague a don Jerónimo de Castro 200 escudos que le debe; y estaba allí el dicho don Jerónimo de Castro, y yo le respondí al secretario: Señores verdad que me dio 200 escudos para que le sacase en Roma un Breve facultativo para el Maestre de Malta, el cual Breve no quiso pasar el dicho Maestre, y que yo había cumplido con lo que me tocaba. Respondiome el dicho secretario: vuestra merced no tiene que alegar, sino pagallos luego o le llevarán preso. Respondí a esa resolución: Envíe vmd. conmigo a quien los traiga. Enviome con guardia y trújelos en un saquillo y díjole: Tome vmd. déselos al duque para que haga de ellos lo que quiera porque no den nada a don Jerónimo de Castro. Con esto me fui a mi posada considerando lo que hace el mundo. De allá dos días envió un ayudante de sargento mayor, el cual me dijo que mandaba Su Ex.ª aclarase el entretenimiento que tenía allí. Yo respondí que yo allí no tenía sueldo, que tenía licencia para irme a Malta, del conde Monterrey; con lo cual fue fuerza valerme del recaudador de la Orden para que hablase al virrey; hízolo, con que me dejó, y dentro de veinte días me vinieron las bulas de Malta, de la encomienda que me había tocado de San Juan de Puente de Orbi. Estúveme allí dos meses. En este tiempo vinieron dos galeras de Génova que trajeron un Obispo. Yo le dije al capitán de una dellas que si me quería llevar a Nápoles con condición de no decir que me llevaba, al conde. Ofrecíolo y lo primero que hizo fue decírselo. Ya el conde lo sabía todo lo que había pasado en Sicilia, de los cronistas; llamó a su secretario, Gaspar de Rosales y díjole que me enviase a llamar y procurase rendirme y que me quedara en Nápoles. El secretario me envió un papel a la galera, corto y breve, en que me decía: «El conde ha sabido primero que ya vmd. viene ahí; véngase a comer conmigo, que tenemos que darnos dos toques.» Yo, visto que era ya forzoso, salí de la galera y vine a Palacio donde me vi con el secretario y mostré mis bulas, que se quedó espantado y se subió arriba a mostrárselas al conde, el cual dijo: desenojadero tiene Contreras; cataquizalde ¡por vida nuestra!, de manera que se quede aquí bajo; y comimos y hubo grandes sermones y no hubo remedio de quedarme. Las dos galeras ya salían a Gaeta, donde estaban otras aguardando para ir a Génova. Dióme el secretario un pliego del conde para que diese en mano propia a la Marquesa de Charela. Hícelo y habiendo tirado el tiro de leva me envió el gobernador de Gaeta el bergantín armado para que fuese a Nápoles, que toda mi ropa estaba debajo de todo, que no se podía sacar, e iba cargando ya, que es lo que me valió. Hicimos un viaje a Génova con bien, donde llegamos; a dos días llegó el Infante Cardenal que esté en gloria. Hizo su entrada galantemente y de allí se fue a Milán y yo a la vuelta de España, en las galeras que vino el Infante Cardenal. Llegué a Barcelona en breve tiempo y de allí a Madrid donde me alojé en casa del Secretario Juan Ruiz de Contreras, padre de don Fernando el que hoy está en la altura. Regalóme mucho en su casa y comencé a tratar de pretensiones. Lo primero fue ir a tomar posesión de la encomienda. Volvíme a Madrid y topé con mi hermano que estaba pretendiendo, pidiendo le diesen su sueldo donde había sido reformado por el oficio de Flandes, y habiéndose visto en el Consejo se le dieron veinte escudos de entretenimiento y carta potra que se le diese compañía por el oficio del secretario Rojas, el cual despachó un billete al secretario Pedro de Arce dándole cuenta de aquella merced, el cual recurrió y lo detuvo muchos días haciendo enoscientes a los consejeros de Estado, que yo había sido capitán de caballos de tramoya y que él no había de hacer aquel despacho. Esto lo supe al cabo de algunos días. Como no se despacharla el despacho de mi hermano fuime al Marqués de Santa Cruz, del Consejo de Estado, y apretéle sobre la materia, con que me dijo: ¿Cómo quiere que le den a su hermano el despacho? Si Pedro de Arce dice que vmd. fue capitán de caballos de tramoya. Con lo cual volví las espaldas sin decirle nada al Marqués y fuime a mi casa, y sin comer bocado saqué la patente de capitán de caballos corazas y otra de Cabo tropa de quinientas y mi reformación y licencia y apreté los pies y volví a casa del Marqués de Santa Cruz. Hiciéronme entrar y díjele: Suplico V. E. me oiga; más ha de veinte años que en el Postigo de San Martín me llamó una dama, anochecido; subí arriba y estuvimos parlando un rato, a lo cual llamaron a la puerta; la señora dama dijo que me escondiese; que luego se iría Pedro de Arce, que era el que venia. Dije que no me había de esconder por ningún caso; que le abriesen; afligida la señora mandó que le abriesen; subió el señor Pedro de Arce con su estoque y su broquel, verde como una lechuga; entonces era oficial de la guerra. Así como me vio me preguntó que qué hacía aquí. Yo le respondí; esta señora me estaba preguntando por una amiga suya; y sin acabar la razón enderezó su broquel. Yo estaba sobre la mía y fui presto, que le di en él una estocada, que broquel, él y el estoque rodaron por la escalera, dando voces que era muerto, sin estar herido.

Bajé con la bulla yo también, y fuime con Dios y a él le llevaron a su casa medio muerto de la caída, con que siempre ha tenido conmigo ojeriza todo este tiempo. Ahora vea V. E. esta patente, licencia y reformación, con que echará de ver que lo que ha contado no es verdad y que fui capitán de corazas siete meses y tres días.

Libros a la carta

A la carta es un servicio especializado para
empresas,
librerías,
bibliotecas,
editoriales
y centros de enseñanza;
y permite confeccionar libros que, por su formato y concepción, sirven a los propósitos más específicos de estas instituciones.

Las empresas nos encargan ediciones personalizadas para marketing editorial o para regalos institucionales. Y los interesados solicitan, a título personal, ediciones antiguas, o no disponibles en el mercado; y las acompañan con notas y comentarios críticos.

Las ediciones tienen como apoyo un libro de estilo con todo tipo de referencias sobre los criterios de tratamiento tipográfico aplicados a nuestros libros que puede ser consultado en Linkgua-ediciones.com.

Linkgua edita por encargo diferentes versiones de una misma obra con distintos tratamientos ortotipográficos (actualizaciones de carácter divulgativo de un clásico, o versiones estrictamente fieles a la edición original de referencia).

Este servicio de ediciones a la carta le permitirá, si usted se dedica a la enseñanza, tener una forma de hacer pública su interpretación de un texto y, sobre una versión digitalizada «base», usted podrá introducir interpretaciones del texto fuente. Es un tópico que los profesores denuncien en clase los desmanes de una edición, o vayan comentando errores de interpretación de un texto y esta es una solución útil a esa necesidad del mundo académico.

Asimismo publicamos de manera sistemática, en un mismo catálogo, tesis doctorales y actas de congresos académicos, que son distribuidas a través de nuestra Web.

El servicio de «libros a la carta» funciona de dos formas.

1. Tenemos un fondo de libros digitalizados que usted puede personalizar en tiradas de al menos cinco ejemplares. Estas personalizaciones pueden ser de todo tipo: añadir notas de clase para uso de un grupo de estudiantes, introducir logos corporativos para uso con fines de marketing empresarial, etc. etc.

2. Buscamos libros descatalogados de otras editoriales y los reeditamos en tiradas cortas a petición de un cliente.